«Una obra honesta, valiente, apasionada e inteligente. Un libro que nos hace pensar y que nos pone en movimiento hacia el futuro, hacia la libertad, hacia un mundo mejor. Una mirada innovadora hacia la transformación personal radical a través del pensamiento, de las preguntas y de la comunicación. Una obra para leer, trabajar y releer, totalmente recomendable para emprendedores, innovadores, empresarios y cualquier persona».

Francesc Folguera,
director de IPS Informàtica y Fundació Equilibri

«Los que nos hemos dedicado a Internet y a la investigación sobre algoritmos de inteligencia artificial colectiva emprendiendo, sabemos que sin pensar *out of the box* no vas a ningún sitio. Una buena manera de aprender y desarrollar el pensamiento crítico es leer el magnífico libro de Rais Busom».

Felipe García,
CEO y fundador de Knowdle AI

«Para los que trabajamos en la industria del fútbol, donde la tradición está muy arraigada en clubes con más de cien años de historia, el pensamiento crítico es una herramienta fundamental para innovar y no caer en la tentación de seguir haciendo las cosas como siempre. *Dudar, dialogar, razonar* o *comprender* son verbos casi en desuso en una sociedad que se posiciona en los extremos. Por suerte, Rais Busom hace acopio de sus profundos conocimientos de filosofía y su amplia experiencia profesional para plasmar en esta obra un método que nos ayude a utilizar nuestro pensamiento crítico y a desarrollar nuevas habilidades que nos harán crecer y mejorar tanto a nivel personal como profesional. Ya nos advierte de que no basta con leerse el libro, sino que además hay que pensar. Estáis avisados».

Miguel Ángel Hernández,
CEO de FinalScore

«Las ideas no valen nada, la tecnología no vale nada; el éxito es la combinación correcta de diferentes áreas, y eso solo lo consigue un equipo equilibrado, como hemos desarrollado en OARO. El pensamiento crítico es esencial para ello y el libro de Rais Busom nos permite de manera fácil y amena adentrarnos en la materia».

David Lanau,
presidente de EMEA y *Chief Innovation Officer* de OARO

«Rais Busom nos regala este libro brillante y oportuno. El pensamiento crítico es clave en el mundo actual. Los medios de comunicación lo sabemos muy bien. Solo con lectores críticos podremos evitar las *fake news* y hacer un mundo mejor».

Jacqueline Mecinas,
editora y directora de *InfoPlay*

«En Glovo siempre hemos tenido acceso a menos recursos que nuestros competidores, lo que nos obliga a ejecutar más rápido, a hacer más con menos, y eso solo se consigue pensando disruptivamente. Este libro de Rais Busom es una buena caja de herramientas para desarrollar el pensamiento crítico necesario. Os lo recomiendo».

Sacha Michaud,
cofundador de Glovo

«Producto, innovación constante y excelencia en el servicio son y seguirán siendo los pilares de nuestra compañía MGA. Nada de esto sería posible sin un enfoque basado en el pensamiento crítico. Rais Busom ha escrito un libro sobre el tema que me parece de obligada lectura para todo empresario».

Joan Sanahuja Amat,
vicepresidente de MGA

«Innovador y práctico, este libro sobre pensamiento crítico y desarrollo de estrategia va más allá de las trilladas herramientas de *management* que se nos suelen presentar. Rais Busom nos ayuda a organizar el pensamiento para garantizar el éxito de nuestros proyectos personales y profesionales dentro de un marco multidisciplinar que se ampara en una sólida base teórica que el autor simplifica para ponerla al alcance de todos. Es justo lo que necesitamos en una organización como la nuestra».

Isabel Sarriera,
Head of HR de FoshTech

RAIS BUSOM

APRENDE A PENSAR COMO UN GURÚ

MADRID | CIUDAD DE MÉXICO | BUENOS AIRES | BOGOTÁ
LONDRES | NUEVA YORK
SHANGHÁI | NUEVA DELHI

Colección Acción Empresarial de LID Editorial
www.LIDeditorial.com

A member of:

businesspublishersroundtable.com

EAN-ISBN13: 978-84-16750-84-9
Directora editorial: Laura Madrigal
Corrección: Cristina Matallana
Maquetación: produccioneditorial.com
Diseño de portada: Juan Ramón Batista
Fotografía de portada: stock.adobe.com/Analogic Compass/underworld
Impresión: Cofás, S.A.
Depósito legal: CO-1341-2021

Impreso en España / *Printed in Spain*

Primera edición: enero de 2022

Te escuchamos. Escríbenos con tus sugerencias, dudas, errores que veas o lo que tú quieras. Te contestaremos, seguro: info@lidbusinessmedia.com

«Todo principio
no es más que una continuación,
y el libro de los acontecimientos
se encuentra siempre abierto a la mitad».

Amor a primera vista
Wislawa Szymborska

A Jayne

ÍNDICE

SEGUNDA PARTE
LAS 10 FUERZAS DEL PENSAMIENTO CRÍTICO TRANSFORMADOR

AGRADECIMIENTOS

Lo primero de todo, quiero agradecer a Manuel Pimentel, alma del grupo Almuzara, su confianza en el proyecto de este libro, y también a mi editora, Laura Madrigal, su apoyo, su paciencia y sus valiosos consejos.

Mucho le debo a mi mentor editorial, Roger Domingo, que este proyecto haya llegado a buen puerto, y a la entusiasta comunidad de autores MAPEA: Irene Genovés, Natalia Garro, Paco Flores, Alex Pardina, Jesús Monsalve, Josep Lluís de Villasante, Mariah Balado, Luisa Valeriano, Verónica Moll, Marta von Poroszlay, Elvira Méndez, Jackeline De Barros, Leslye Rendón, Juanita Acevedo, Liteo Pedregal e Inés Román, entre muchos otros.

A mis pacientes e incombustibles seguidores de mis libros y blogs, primero *Net Gain* y después *ThinkingLab,* que me han servido de estímulo para seguir adelante: Simona Volonterio, Gemma Mulachs, Alfredo Viguer, Aleix Fabregat, Cristina Sales, Roberto Ayala, José Antonio Giacomelli, Imre Guaglianone, Antonio Osorio, Gianfranco Scordato, Gerard Edo, Alejandro Serrano, Ana Mateo, Anders Kjong, Kepa Conde, Xavier García, Soraya García, Willem Van Oort, Miguel Abreu, Isabel Sarriera, Diana Garrigues, Rafa Petit, Xavier Rodríguez, Miquel García, Rubén Córdoba, Judith Ferrau, etc.

A mis amigos empresarios y ejecutivos: Joan Sanahuja (MGA), Jacqueline Mecinas (InfoPlay), Felipe García (Knowdle), Francesc

Folguera (IPS), Alessandra Neves (Elements), Mar Vilaseca (Randstad), Matthieu Gaudry (Talent-R), Lali Oms (Lead to Change), Oscar Buiza (Motivat Media), Sacha Michaud (Glovo), Patricia Manca (PwC), Jessica Ordovas (The Schools Trust), Felix Sánchez (Metronia), David Lanau (OARO), Kfir Kluger (Ezugi), Ehren Richardson (SCL), Luigi De Lorenzo (AlgoTech), Alejandro Casanova (Zyx Mobile), Rupen Samani (AMS Group), etc.

A mis amigos: Javier Escudero, Egoitz Olabarrieta, Miguel Ángel Hernández, Juan de Diego, Jorge Sánchez, Luis de Prat, Eric Nicolas, Luís León, etc.

A mis compañeros de ESADE-Babson SEP 2006: Edurne Pasaban, Miquel Pardo, Lara Duro, Ferran Raurich, Fran Chuan, Xavier Tarrats, Eduardo García, Belén Marín, Roger Cid, Ana Torrens, Joaquim Codina, Marc Longaron, Adolfo Ferrín, Quim Casassas, Enric Griful, Thibault Millour, etc.

Por supuesto, a mis admirados profesores: Jacques Derrida, Jay Rao, Richard Boyatzis, Alex Rovira, Fernando Trias de Bes, Carlos Seisdedos, Francesc Fortuny, Alistair C. Crombie, Javier Solana, Jordi Molina, Andrés Gimeno, Joaquim Novella, Gabriel Albiac, Aristide Gabbani, Enzo Carlevaro y un largo etcétera.

A mi familia: a mi padre Lluís, fallecido en la primera ola de la COVID-19, a mi madre Magda, a mis hijos Gerard y Jan, Pol y Eric; y al resto de mi familia en España, Inglaterra y Perú. A mi perro Aldo.

Quiero disculparme anticipadamente con todos los olvidados por descuido o por deber a los que no he podido incluir en estos agradecimientos.

Una vez más, gracias a todos por seguirme y apoyarme, aunque sea desde la discrepancia. Mucho de lo que soy os lo debo a todos vosotros.

INTRODUCCIÓN

«Es mejor fracasar enseñando lo que no debería ser enseñado
que triunfar enseñando lo que no es verdad».
Paul de Man, *La resistencia a la teoría,* p. 13.

«No se muevan, no hablen, no respiren; estoy tratando de pensar». El detective Sherlock Holmes en la serie de televisión interpretada por Benedict Cumberbatch grita esta frase que se ha hecho célebre. Y es que para pensar con método crítico hay que aislarse del mundanal ruido. Espero que te tomes una tregua en tu lucha diaria para aprender a pensar como un gurú junto a mí con este libro. Si lo haces, no volverás a ser el mismo. Serás mejor. Te lo prometo.

Este es un trabajo que se ha ido madurado durante muchos años fruto de mi calidoscópica experiencia personal, en la que he podido conocer ámbitos muy diferentes, como el de la filosofía académica, la investigación en ciencias sociales, las enseñanzas universitaria y secundaria, el mundo empresarial internacional y la administración pública. Todo ello incluso a través de disciplinas muy diversas, como la filosofía, la ciencia política, la informática o la administración de empresas. Siempre he visto un gran interés por aprender a pensar críticamente en mucha gente, pero al mismo tiempo he encontrado enormes resistencias en personas y compañías a utilizarlo por poder y por orgullo. Hasta ahora muchas organizaciones solían segregar a quienes ejercían el pensamiento crítico debido a una pobre comprensión en torno a qué es realmente, lo que ha provocado una ceguera absoluta sobre su utilidad real y una intolerancia indiscriminada.

Actualmente, con el avance en la diversidad, la inclusividad y el respeto por la diferencia en general, las personas con gran capacidad de juicio están cada vez más integradas en los procesos de decisión. Entonces nos preguntaremos: ¿cuál es la diferencia entre el pensamiento espontáneo e intuitivo, que todos poseemos, y el pensamiento crítico?

Habitualmente, cuando tenemos un problema, empezamos a pensar en cuál puede ser la resolución, pero a veces es ya demasiado tarde para encontrar la más eficaz. El pensamiento crítico intenta anticiparse a los problemas. Es una actitud de duda permanente para detectarlos donde no parece haberlos; una capacidad de crítica para detectar las debilidades del problema y una habilidad para construir soluciones razonadas. El pensamiento crítico nos ayuda a reducir los riesgos y la incertidumbre a los que nos enfrentamos en nuestra vida personal y en las organizaciones de las que formamos parte. Precisamente estudios académicos relacionan el pensamiento crítico con el éxito en la vida y con la felicidad. Esto se debe a que esta habilidad ayuda a tomar las mejores decisiones y resulta más efectiva para ello que el cociente intelectual.

Todo el mundo puede desarrollar el pensamiento crítico. Tú puedes aprender a pensar como un gurú con el sistema de las 10 fuerzas que te ofrezco en este libro. Además, no solo aprenderás a pensar críticamente, sino que incluso tendrás a tu alcance un método para la transformación personal basado en el pensamiento crítico. El pensamiento crítico es transformador de conciencias. Pensar y actuar son dos caras de la misma moneda. Se piensa para actuar y nuestras acciones serán más acertadas cuanto más pensadas estén. Por este motivo te propongo un viaje de transformación de tu proyecto vital, o de cualquiera en particular, utilizando el pensamiento crítico con todas las técnicas disponibles de probada eficacia. No es posible tener una identidad diferenciada sin desarrollar un criterio racional para valorar los hechos que nos proteja, por ejemplo, de las *fake news*.

El pensamiento crítico existe desde que surgió el *Homo sapiens;* desde que existe el lenguaje humano. Es una facultad humana. La filosofía o la matemática, ámbitos del conocimiento que nos ayudan a entender el mundo, son relativamente recientes. El hombre primitivo disponía de dos cosas para su supervivencia: su cuerpo, con una musculatura que le servía para saltar o para correr ante el peligro, y su cerebro, con el que podía imaginar o razonar cómo evitar los problemas. El pensamiento crítico es un conjunto de facultades humanas que nos sirven para evitar lo perjudicial y maximizar lo que nos puede beneficiar. El pensamiento crítico no es filosofía, no trata de teorías sobre la realidad, pero utiliza sus métodos para validar los supuestos, valorar los argumentos y extraer conclusiones. Es una tradición de pensamiento muy consolidada en los países anglosajones, donde se promueve en todos los ámbitos de la educación y de la empresa. Actualmente el pensamiento crítico está en los primeros lugares de las habilidades más demandadas por las compañías en todo el mundo. Por eso resulta también muy necesario aprender esta disciplina tanto en el ámbito personal como en el organizacional. En Europa, salvo honrosas excepciones, no se enseña ni en secundaria ni en la universidad; solo se enseña filosofía, pero no es lo mismo. La filosofía es pensamiento, pero el pensamiento no es solo filosofía.

Aquí tienes entre tus manos una obra que es el resultado de años de investigación, de conversación con muchas personas y de prueba y error sobre cómo enseñar pensamiento crítico. Empecé con una salida de la filosofía estableciendo una manera de divulgar filosofía para no filósofos, pero encontré que la filosofía, en tanto que teoría, era el mayor de los obstáculos para la mayoría de las personas. Así que comencé a definir un pensamiento sin filosofía pero con sus métodos, asumiendo muchos de los planteamientos de la tradición anglosajona del pensamiento crítico que ha conseguido convertirlo en una disciplina cada vez más estandarizada, capaz de medir las capacidades con test psicométricos rigurosos. Sin embargo, para convertirte en un auténtico gurú, he añadido métodos propios de la tradición europea menos proclives a una medición, como la hermenéutica, pero absolutamente necesarios para disponer de un pensamiento no instrumental. Llevaremos el pensamiento crítico al siguiente nivel.

He dividido el libro en dos partes. La primera nos introduce y nos prepara para empezar el aprendizaje del pensamiento crítico y el viaje de transformación, asumiendo que toda la realidad se puede reducir a textos, por sorprendente que parezca.

Los tres primeros capítulos son de lectura obligatoria. Nos introducirán al pensamiento crítico como disciplina y a los fundamentos del sistema de las 10 fuerzas para aprender a pensar como un gurú. Veremos cómo existen unas contrafuerzas que intentan frenar el desarrollo del pensamiento crítico y mantenernos en nuestra zona de confort mental.

El capítulo 4 puede resultar más sorprendente porque desafía nuestro sentido común al explicar cómo funciona la realidad desde el punto de vista del lenguaje. Los más impacientes pueden saltárselo y volver al final.

La segunda parte nos describe el sistema de las 10 fuerzas del pensamiento crítico transformador. Los capítulos 5 y 6 nos plantean el camino crítico de cambio definiendo un punto de partida y otro de llegada a través de las dos primeras fuerzas (reflexionar y emprender), para las que la inteligencia emocional intrapersonal es crucial. Luego, en los capítulos del 7 al 12, se describen las seis fuerzas fundamentales del pensamiento crítico que conforman la inteligencia crítica (dudar, criticar, dialogar, razonar, comprender y sentir), basadas en los métodos de la filosofía de probado éxito, que nos permitirán «salir de la caja» —como se dice habitualmente— y vencer las resistencias al pensar diferente. La inteligencia crítica no resulta posible sin la inteligencia emocional interpersonal. Posteriormente, en los capítulos 13 y 14, encontraremos dos fuerzas (innovar y actuar) más enmarcadas en la acción crítica para generar opciones alternativas y saber decidir cuál es la mejor para nosotros.

Finalmente, en el capítulo 15 veremos cómo aplicar el sistema de las 10 fuerzas al mundo de la empresa y las organizaciones a través de dos herramientas como: un laboratorio de pensamiento y un taller estratégico de pensamiento avanzado. Como colofón, he añadido un decálogo que sirva de recordatorio de todo.

Al principio de cada capítulo hacemos referencia a una obra de arte o a un personaje famoso. En la bibliografía puedes encontrar un enlace para profundizar más. También recomendamos en ella una serie de libros sencillos y fáciles de localizar para seguir ampliando conocimientos.

Recuerda que se trata de un libro para leer y pensar. Con leer solo no basta. Se puede leer del tirón y pensar al final o hacerlo después de cada capítulo, ayudándose con los ejemplos, ejercicios y preguntas de la segunda parte. Resulta imprescindible experimentar con situaciones reales o virtuales, teniendo en cuenta que es mejor diferir las decisiones hasta tener la serenidad necesaria, en vez de tirar los dados por no poder pensar con claridad. En todo caso, nada de procrastinar indefinidamente.

Al final de cada capítulo encontrarás unos algoritmos para humanos. Son diagramas de flujo para ayudarte a ejercer las fuerzas del pensamiento crítico paso a paso, en orden secuencial, para que no te olvides de ningún detalle.

Leer esta obra es solo el principio. El entrenamiento y la práctica te llevarán muy lejos. El pensamiento crítico es un arma poderosa que debe utilizarse con precisión y oportunidad.

Espero que este libro te ayude a entender a los demás y a crecer a nivel personal hasta ser un gurú, pero no pretendo que sea la panacea porque —no hace falta que te lo recuerde— pensar es fundamental, pero lo importante es amar.

Te agradeceré que te pongas en contacto conmigo para cualquier crítica o comentario a través de este correo electrónico: rais@busom.com o mediante mi página www.busom.com.

PRIMERA PARTE

PREPARARSE PARA SER UN GURÚ

1

¿CÓMO SER UN GURÚ DEL PENSAMIENTO?

1. Del ¿quién se ha llevado mi queso? al ¿quién me ha convertido en un ratón?

Spencer Johnson se hizo famoso por su libro motivacional *¿Quién se ha llevado mi queso?* Esta *fábula fabulosa* describe dos actitudes humanas ante el cambio organizacional a través de cuatro personajes: dos ratones, Fisgón y Escurridizo, que todos los días van en busca del queso desaparecido, y dos liliputienses, Hem y Haw, que se resignan a esperar a que aparezca su queso.

No sabemos de qué se alimentan los liliputienses, pero sí que los ratones, como la mayoría de la gente sabe, no comen queso, ya que son preferentemente herbívoros. Quizás lo que no saben los pequeños personajes es que los gatos sí comen queso, a pesar de ser intolerantes a la lactosa, y también ratones. Podemos suponer que un gato se ha comido el queso y querrá comerse también a los ratones y, de postre, a los liliputienses. Y es que, si no encuentras tu queso, es porque te lo has comido o estás huyendo de un gato. Entonces la pregunta no es ¿quién se ha llevado mi queso?, sino ¿quién me está persiguiendo?, ¿quién me ha convertido en un ratón?

Detectar el cambio y adaptarse resulta fundamental para sobrevivir en el laberinto donde se encuentran nuestros personajes, pero más importante aún es hacerse las preguntas adecuadas y adaptar nuestro pensamiento para maximizar nuestras oportunidades de supervivencia. Escaparse del gato supone escaparse del conformismo de los ratones y del inmovilismo de los liliputienses. Mejor que buscar el queso, hay que construir una salida al laberinto, escapar del peligro. Es el gato el que te convierte en ratón. Es la persecución la que te transforma en perseguido. Es el juego del gato y del ratón, la dialéctica de Tom y Jerry.

Andy Grove, el mítico CEO de Intel que convirtió una empresa de microprocesadores en la gran corporación que es actualmente, escribió en 1996 un libro llamado *Only the Paranoid Survive*. Grove utilizó la metáfora del paranoico para expresar la actitud vigilante ante los puntos de inflexión que periódicamente ocurren en cada industria y que barren del mercado a los que no se adaptan. Pero no solo nos aconseja adaptarnos al cambio, sino que incluso nos anima a buscarlo, a provocarlo. A ser proactivos, provocativos. A innovar. Esta es la actitud crítica del pensamiento: empezar por la pregunta correcta y cambiar el mundo. Este es el viaje que quiero compartir contigo: la transformación personal del pensamiento espontáneo al pensamiento crítico. ¿Me acompañas?

2. ¿Qué es el pensamiento crítico?

El pensamiento crítico existe desde los orígenes de la humanidad. Es una capacidad humana, no una ciencia. Nos sirve para sobrevivir y para tomar buenas decisiones a través del razonamiento, nos aleja de los peligros y nos permite mejorar nuestra situación. Otra cosa es la teoría sobre el pensamiento crítico. El filósofo y pedagogo estadounidense John Dewey debe considerarse el padre del pensamiento crítico en tanto nueva disciplina independiente de la filosofía desde la publicación de su obra *How We Think* en 1910. Aunque él lo llama *pensamiento reflexivo* en sus libros, se refería al pensamiento crítico. Él dio un auténtico giro copernicano al darse cuenta de que la enseñanza de la filosofía no garantizaba inmediatamente el desarrollo del pensamiento crítico, sino que había que extraer todo aquello que era útil y convertirlo en un conocimiento independiente. Afirmaba que no se puede decir a nadie cómo debe pensar, al igual que a nadie hay que explicarle cómo respirar. Sin embargo, aunque constata esa espontaneidad natural del pensar, Dewey vincula estrechamente pensamiento y educación porque sí es posible ofrecer métodos capaces de mejorar las capacidades reflexivas. Dijo con gran acierto que aprender es aprender a pensar. Con ello no pudo ser más explícito a la hora de indicar la importancia radical del pensar. La preocupación por enseñar pensamiento crítico en todas las etapas educativas fue una de sus mayores contribuciones, aunque no se ha conseguido aún.

Con Dewey y a partir de él, muchos autores hasta la actualidad empezaron a sistematizar conocimientos y métodos para poder enseñar pensamiento crítico de una manera eficaz, medible y repetible, como no ocurría con la filosofía. Goodwin Watson y Edward Glaser empezaron a referirse al pensamiento reflexivo como *pensamiento crítico* de manera explícita. Desde 1925 trabajaron en un sistema de evaluación que perdura actualmente: el Watson-Glaser Critical Thinking Appraisal, uno de los más utilizados y constantemente actualizado. En 1946 apareció el primer manual de Max Black, *Critical Thinking: An Introduction to Logic and Scientific Method,* que empezó a dar cuerpo a la corriente pragmática y pedagógica de pensamiento crítico anglosajona de la que Robert Ennis es uno de sus mayores exponentes. Esta tradición del pensamiento crítico no ha tenido parangón en Europa, siempre refractaria al pragmatismo anglosajón, pero es más necesaria que nunca y no cabe duda de que acabará imponiéndose.

Pero ¿qué es exactamente el pensamiento crítico? No es fácil de definir ya que no se trata de una disciplina con un método único. Normalmente se acude a una lista de habilidades y técnicas, como una suerte intelectual de MMA (artes marciales mixtas), salvando las diferencias. Pero si hay una definición convincente es la clásica de Glaser de 1941 que encontramos en su libro *Un experimento en el desarrollo del pensamiento crítico:*

«(1) una actitud de estar dispuesto a considerar de manera reflexiva los problemas y temas que se encuentran dentro del rango de las propias experiencias, (2) conocimiento de los métodos de investigación y razonamiento lógicos y (3) alguna habilidad para aplicar esos métodos».

La definición de Glaser es heurística pero nos permite ver las tres dimensiones constitutivas del pensamiento crítico (actitud, conocimiento y habilidad), como verás en esta obra.

La gran diferencia entre el pensamiento espontáneo e intuitivo que tenemos todos desde que nacemos y el pensamiento crítico, estriba en que el primero lo empezamos a utilizar cuando tenemos un problema para buscar una solución, mientras que el segundo intenta anticiparse a los problemas. Es una actitud de duda constante para descubrirlos donde no los hay o no parece haberlos; una capacidad para identificar y criticar las vulnerabilidades del problema y una habilidad para construir soluciones sólidas con argumentos racionales. En ocasiones cuando pensamos en un problema suele ser demasiado tarde para las soluciones óptimas. El pensamiento crítico nos ayuda a reducir la incertidumbre a la que nos enfrentamos en nuestra vida personal y en las organizaciones a las que pertenecemos. La capacidad de anticipación en la toma de decisiones marca la diferencia entre pensamiento y pensamiento crítico. Para anticiparnos hay que dudar sistemáticamente y tener la oportunidad, antes de tomar una decisión, de tomar otra decisión que nos evite tomar la decisión que queríamos tomar.

3. Pensar es una necesidad humana

Conocí a Jorge Wagensberg cuando era un adolescente. Antes de que se hiciese famoso por ser el creador y el director del Museo de la Ciencia de Barcelona, el actual CosmoCaixa, el único museo del mundo donde no está prohibido tocar, ya era un físico genial. Escribió un libro de aforismos titulado *Si la naturaleza es la respuesta, ¿cuál era la pregunta?* Una ingeniosa frase que nos lleva a la pregunta por la pregunta. ¿Cuál es la pregunta principal? Eso es lo que ha perseguido la filosofía durante muchos siglos interrogándose por el fundamento de la realidad, hasta que en ese aspecto la ha sustituido la física de partículas, el llamado *modelo estándar*. Lo importante no es la pregunta primera o la última, sino empezar por una pregunta, no pensar nunca que ya tienes la respuesta. Lo decisivo consiste en tener la actitud de preguntar para hacer las preguntas correctas pero también para hacerse las incorrectas, las que no nos atrevemos a hacer o nos parecen fuera de lugar. No parar de hacerse preguntas. No hay malas preguntas; todas son buenas, excepto las que no son pertinentes temáticamente, las que tan solo son absurdas.

Antes que nada, hay que reconocer que pensar es una necesidad humana. Todos lo hacemos. De una manera espontánea nos ponemos a pensar cuando nos enfrentamos a retos que requieren un análisis y una conclusión. La toma de decisiones, la comprensión de una situación, saber qué es correcto, detectar los engaños y crear cosas nuevas son ejemplos de acciones del pensamiento. Pensamos cuando tenemos el tiempo para hacerlo; cuando no, nuestro sistema nervioso límbico determina una respuesta rápida y primordial basada en lo que hemos pensado anteriormente.

En el aspecto personal resulta evidente la necesidad de tener un pensamiento bien entrenado. Acertar muchas decisiones cotidianas, especialmente las que tienen una trascendencia vital, depende en buena medida de haber ejercitado el pensamiento de manera rigurosa. La decisión de escoger los estudios o la profesión, casarse, tener hijos, operarse... Hay disyuntivas vitales que son clave, y es ahí donde necesitamos pensar o, incluso, haber pensado antes para que cuando llegue el momento sepamos qué hacer. El pensamiento nos ayuda a reducir la incertidumbre en nuestras vidas y también en tanto que especie. Wagensberg dijo «pensar es pensar la incertidumbre».

En nuestro mundo digital nunca había sido tan importante desarrollar la capacidad de pensar. El poder de crear pensamientos es ahora más extenso, profundo y rápido que en cualquier otra época de la historia. Antes las religiones, las ideologías, los grandes metarrelatos sociales y culturales, tenían una permanencia en el tiempo y era más lento y difícil modificarlos. Su consenso y unidad eran muy amplios en la sociedad. También ese sustrato histórico común los hacía menos vulnerables a la manipulación. Actualmente, con las redes sociales, el panorama ha cambiado completamente. La creación de contenidos resulta más fácil y se hace de manera «industrializada». Los contenidos son muy fragmentarios y existen muchas organizaciones dedicadas a diseñar y anticipar el futuro, a difundir marcos de pensamiento masivamente.

Esto es solo el principio. Cada vez va a ser más difícil validar los hechos y hasta saber exactamente qué es real. Por eso cada día es más importante tener un criterio propio y disponer de técnicas para saber pensar con rigor. Ya no se trata de una afición para gente con tiempo libre; estamos comprobando que el pensamiento es tan necesario como respirar, puesto que el pensar determina incluso la propia identidad personal. No se puede tener una identidad propia sin un pensamiento propio, sin un criterio para valorar los hechos y una capacidad para analizarlos. En cambio, sí se puede contar con una identidad prestada o heredada si dejamos de pensar. No debemos conformarnos con ello; hemos de buscar y construir quiénes somos realmente en cada momento de nuestras vidas. Las máquinas de desinformación masivas y de control del pensamiento no solo conforman la opinión pública, sino que determinan qué tiene sentido y qué no y cuál es el pensamiento socialmente aceptable. Proponen diversas identidades prefabricadas que permitirán vivir cómodamente sin conflictos internos. El pensamiento innato y espontáneo está completamente desarmado frente a la complejidad y la rapidez con las que se impone el pensamiento normalizado. Hay que ir más allá.

4. Pensar es la habilidad más requerida por las organizaciones

Si el pensamiento crítico es una competencia crítica para las personas actualmente, también lo es en el ámbito organizacional. Nos encontramos ante el progresivo avance de la automatización del trabajo por la inteligencia artificial, donde solo las tareas que añaden valor son de consideración. En un mundo donde casi todos los conocimientos se pueden encontrar en Google, lo más importante ya no es la formación en conocimientos especializados, sino las destrezas personales y las habilidades interpersonales.

Según se concluyó en The Jobs Reset Summit de The World Economic Forum, entre las diez habilidades que serán más demandadas desde ahora hasta 2025 encontramos tres que forman parte del pensamiento. Según su lugar de importancia son la 1, la 4 y la 3.

1. Pensamiento analítico y de innovación.
2. Aprendizaje activo y estratégico.
3. Resolución de problemas complejos.
4. Pensamiento crítico.
5. Creatividad, originalidad e iniciativa.
6. Liderazgo e influencia social.
7. Uso de la tecnología.
8. Diseño y programación de tecnología.
9. Resiliencia, tolerancia al estrés y flexibilidad.
10. Razonamiento y resolución de problemas.

Sin embargo, en 2020 el pensamiento crítico estaba en segunda posición, lo que significa que la urgencia y la oportunidad son ahora. Pero no solo hay demanda, sino una grave carencia en los nuevos graduados, según el estudio Workforce-Skills Preparedness Report de Payscale, de 2016, donde se registra que hasta el 60 % carecen de competencias en pensamiento crítico.

Cada vez más personas capaces de pensar con rigor en temas de pensamiento crítico, ético y estratégico se incorporan a las organizaciones en puestos de responsabilidad. Cada vez más consultoras y departamentos de recursos humanos se dedican a formar en este tipo de las llamadas *habilidades blandas (soft skills)* en los procesos de perfeccionamiento *(upskilling)* o de adquisición de nuevas competencias *(reskilling)*.

5. Características que deben constituir un pensamiento crítico

Las habilidades esenciales del pensamiento crítico son una lista de capacidades cognitivas sobre las que existe un gran consenso y que, por tanto, pueden considerarse canónicas. Lo habitual es ordenarlas en una secuencia temporal de fases encadenadas que corresponden a un orden lógico. Son seis: 1) validar los supuestos, 2) valorar los argumentos, 3) comprobar las deducciones, 4) verificar las inferencias, 5) interpretar las informaciones y 6) llegar a conclusiones para la acción. En su mínima expresión se pueden reducir a tres pasos: 1) validar los supuestos, 2) valorar los argumentos (incluyendo deducciones, inferencias e informaciones) y 3) extraer conclusiones.

La formación y el entrenamiento holísticos en las competencias del pensamiento crítico se realizan a través de sistemas. Los más conocidos son los nacidos en la corriente estadounidense. Los principales sistemas son el OMSITOG, de David Hitchcock, el FRISCO, de Ennis, los siete componentes, de Milos Jenicek y Hitchcock, y el PACIER, de la empresa Macat, desarrollado conjuntamente por University of Cambridge, London School of Economics, OECD y PISA. Todos trabajan aproximadamente el mismo núcleo de capacidades.

6. Enfoques y propuestas para desarrollar el pensamiento crítico

Sin embargo, existe demasiada variedad de enfoques y propuestas sobre cómo desarrollar y enseñar el pensamiento crítico. Algunos insisten en aspectos concretos, pero no tienen una perspectiva holística. Tenemos el pensamiento como innovación *(design thinking),* creatividad *(lateral thinking),* emprendimiento *(entrepreneural or disruptive thinking),* pensamiento efectivo *(effective thinking),* pensamiento completo *(full spectrum thinking)* o filosofía práctica (*counseling* o *coaching* filosófico).

Las organizaciones preocupadas por el pensamiento crítico empiezan por una evaluación psicométrica y luego ofrecen soluciones adaptadas, pero siempre dentro de enfoques globales de pensamiento crítico basados en la tradición anglosajona. En muchas empresas importantes, como Clifford Chance o Hogan Lovells, durante el proceso de reclutamiento se incluye uno de los test más establecidos de pensamiento crítico, el Watson Glaser Critical Thinking Appraisal (WGCTA o WGIII en su última versión). Este test con más de ochenta años de desarrollo lo distribuye Pearson-TalentLens, una compañía puntera en este tipo de enseñanza en el mundo empresarial. Otros test utilizados habitualmente en las organizaciones son el SHL Critical Reasoning Test Battery, el Cornell Critical Thinking Assessment, el Cappfinity Critical Reasoning Test y el Partnership Concepts Critical Thinking Test.

7. De la filosofía abstracta al pensamiento pragmático

El pensamiento crítico reúne las características necesarias para tener un enfoque pragmático y resolutivo, pues es:

- **Universal.** Sirve para todos, con independencia de sus capacidades y conocimientos previos a su aprendizaje y desarrollo.
- **Ubicuo.** Sirve para cualquier ámbito: vida personal, organizaciones y aspectos social o cultural.
- **Ágil.** Con él resulta relativamente rápido y fácil llegar a conclusiones.
- **Crítico** o **abierto.** Pone en duda lo que hemos aceptado acríticamente, es decir, está abierto a que una verdad, por importante que sea, pueda ser falsa.
- **Creativo.** Es creador, necesita desmontar lo existente para construir una nueva solución.

En ocasiones el problema surge cuando las personas que buscan cómo ampliar sus habilidades naturales del pensamiento recurren en primera instancia a la filosofía, lo que resulta extremadamente frustrante, pues no está concebida para ayudarnos. La filosofía es otra cosa; es para profesionales académicos, juega en otra liga; en su conjunto no es la salvación para la gran mayoría de las personas a pesar de su atractivo, aunque en su interior está la solución.

Cuando daba clases de filosofía me gustaba hacerles a mis alumnos el siguiente ejercicio: «Nombrad características positivas y negativas de la filosofía», y las iba ordenando en una tabla como esta:

Tabla 1.1. Clasificación de respuestas

Positivas	Negativas
Interesante	Aburrida
Hace pensar	Abstracta
Da una perspectiva	Inútil
Guía intelectual	Difícil
Inspira	Demasiado por leer

El resultado era bastante previsible. Entre las características negativas que son un obstáculo para su aprendizaje hay tres que destacan: 1) abstracta, 2) inútil y 3) aburrida. Puedo decir que hasta cierto punto es verdad. Y esto ocurre por tres razones principales:

- **La filosofía es un hipertexto.** La gran mayoría de los libros de filosofía se relacionan unos con otros. Muchas veces, aunque no sea explícito, cuando se lee un libro de filosofía se presupone el conocimiento de obras anteriores con las que el autor debate intelectualmente. Tener un dominio mínimo de filosofía requiere años de lecturas que la gran mayoría de gente no atesora, por lo que permanece principalmente como una actividad poco aprovechable.
- **La filosofía no es una disciplina.** No hay solo una filosofía, sino tantas como autores. No existe una unidad estructurada de conocimientos, como sucede en psicología o en sociología, aunque haya diferentes escuelas y enfoques. No existe un objeto de conocimiento, como sucede en las ciencias. Normalmente la filosofía se enseña explicando la historia de la filosofía, no enseñando a filosofar, que sería lo propio, porque no hay un único método. Lleva años conocer suficiente filosofía para poder hacer alguna contribución original.
- **La filosofía no separa la teoría del método.** En la gran mayoría de autores el desarrollo de métodos de pensamiento va mezclado con las teorías sobre la realidad o sobre otros temas, lo que dificulta la enseñanza de la capacidad de razonamiento propia de la filosofía.

8. Ventajas del pensamiento crítico

Desde que trabajo en la empresa privada, me he dado cuenta de que hay muchas personas que desean desarrollar su capacidad de pensamiento, pero necesitan hacerlo de manera diferente a la filosofía. Hace falta una disciplina práctica, útil y, hasta cierto punto, divertida, justo lo contrario de lo que la gente considera el pensamiento filosófico. El pensar se aprende y se enseña pensando, no leyendo filosofía. No quiero de ninguna manera despreciar el valor de la filosofía; simplemente no nos sirve para el enfoque pragmático que necesitan las personas en su vida cotidiana. En cambio, precisamos un conjunto articulado de técnicas de pensar que funcionen como una disciplina fácil de aprender. El pensamiento crítico utiliza los métodos de la filosofía que funcionan pero aislándolos de las complejas teorías. Aquí empieza el camino para aprender a pensar como un gurú:

- **El pensamiento crítico como disciplina.** Considerando como Dewey el pensamiento crítico como una disciplina diferente de la filosofía, evitamos todos los inconvenientes de esta. Separando los métodos filosóficos que han funcionado de las teorías, se consigue establecer unas herramientas útiles para el pensamiento. Los métodos articulan una disciplina y no presuponen otros textos complejos, lo que hace que sea fácil de enseñar y aprender para cualquiera, formador o alumno.
- **El pensamiento crítico como actitud y capacidad.** Antes he dicho que el pensamiento espontáneo es una necesidad, pero el pensamiento crítico es también una actitud. Para estar sano hay que hacer deporte todos los días, como correr, pero por convicción y hábito, no solamente por necesidad. Se debe pensar asiduamente. La actitud es necesaria para pensar, pero también para aprender a pensar. Las capacidades son el resultado de aprender el pensamiento como disciplina.
- **El pensamiento crítico es práctico.** El pensamiento tiene que ser práctico. Pensamiento y acción están indisolublemente unidos, por lo que no se puede actuar sin pensar, como tampoco se puede pensar sin actuar. El proceso de abstracción filosófico rompe esta relación. Si no hay un marco de pensamiento, no podemos interpretar una acción. Por esta razón emprendimiento (capacidad de hacer cosas, de desarrollar proyectos de cualquier tipo) y pensamiento siempre han ido unidos.
- **El pensamiento crítico es útil.** El pensamiento cuenta con una parte negativa, que es analítica, pero también otra positiva, constructiva: cómo son las conclusiones o las soluciones. Por tanto, el pensamiento tiene la utilidad de generar respuestas a problemas que determinan acciones que deben beneficiarnos. Pensar es en sí, y no solo como aplicación —como verás más adelante—, una práctica lingüística. Si no sirve para algo, no sirve para nada.

- **El pensamiento crítico es divertido.** El pensamiento en su vertiente creativa, de prueba y error, de combinatoria cuando prueba nuevas posibilidades, se convierte en un auténtico juego lingüístico que muestra su vertiente lúdica. Aunque parezca sorprendente, el mecanismo de pensar es muy similar al humor en general al hacer un chiste. El chiste es un juego lingüístico que nos divierte porque nos sorprende o exagera en alguna medida, es decir, aplica unas reglas diferentes a algo establecido. Si a la tierra le cambiamos las reglas de la física y, por ejemplo, cuando tiramos una pelota al suelo en vez de caer se va hacia el techo, ocurre algo divertido. Eso está en la base del pensamiento. Es como jugar al ajedrez e imaginar cómo una partida puede evolucionar en varios movimientos según lo que hagamos nosotros y el adversario.
- **El pensamiento crítico produce buenas decisiones.** En un estudio de 2017, Butler, Pentoney y Bong demostraron cómo el pensamiento crítico es la capacidad que garantiza las mejores decisiones, incluso por encima de la inteligencia, y, por tanto, el éxito en la vida.
- **El pensamiento crítico se correlaciona con la felicidad.** Según la investigación de 2017 de Raeisoon, Nadooshan, Eslahi y Mohammadi, el pensamiento crítico muestra una correlación positiva significativa entre las variables de pensamiento crítico y felicidad.

El pensamiento que tenemos de manera natural suele ser heredado por nuestra experiencia: por una parte, de todo aquello que hemos aprendido por medios externos, como libros, vídeos, personas y clases; por otra, de lo que hemos adquirido por medios internos, como nuestras reflexiones. Sin embargo, también hay muchos aspectos que no controlamos, que actúan a un nivel subconsciente o subliminal, como las influencias de nuestro entorno familiar desde niños o de la sociedad misma. Algunos de estos pensamientos son especialmente contraproducentes porque bloquean o desincentivan la actividad del pensar, o directamente nos perjudican porque nos llevan a hacer lo que no queremos o no nos conviene.

En los siguientes capítulos verás el pensamiento crítico como habilidad cognitiva basada en metodologías de probada eficacia para superar esas limitaciones. Y ya lo sabes: en vez de respuestas, busca preguntas; en vez de soluciones que todos saben, busca problemas que resolver. Hay que empezar preguntando. ¿Cuál era la pregunta?

2

LAS 10 FUERZAS DEL PENSAMIENTO CRÍTICO PARA SER UN GURÚ

1. La relajación de Buda a Stanislavski. ¿Cómo prepararse para pensar?

Las *gurukula* eran las escuelas de los gurús en la antigua India. De hecho, la escuela era su propia casa, la casa del maestro, donde se impartían las clases y se convivía con los alumnos. Los gurús son los maestros espirituales del hinduismo, literalmente son los que «ponen luz en la oscuridad». También la etimología nos dice que los gurús son «pesados», en el sentido de que se ocupan de cosas serias y tienen un conocimiento profundo. Buda fue uno de los gurús más conocidos. En su caso, como en muchos otros, se les consideraba, más que como simples profesores o sacerdotes, personas que habían alcanzado la autorrealización, espíritus libres y ascéticos. De alguna manera, estos sabios no solo enseñan doctrina, sino que también enseñan a aprender y enseñan a enseñar. Aprender a pensar como un gurú es ser capaz de pensar y también de tener el poder de enseñar a los demás a pensar. Se trata de un viaje intenso y apasionante que recorreremos juntos y que te tiene que preparar incluso para orientar a otros que se encuentran en el nivel espontáneo del pensamiento.

En otro orden de cosas tenemos otra famosa escuela, el Actor's Studio, donde se enseña el método de Stanislavski para la interpretación de arte dramático. Antes de adentrarse en todas sus sofisticadas técnicas, a los alumnos se les exigen dos requisitos principales: la relajación y la concentración. Con estrés es imposible no contaminar al personaje con las propias emociones y con distracción no es posible una buena ejecución. De la misma manera, pensar como un gurú requiere la serenidad propia para que nuestra mente razone de manera clara y eficiente y, además, estar enfocado en el propósito de la reflexión. Hay que aislarse del mundo para entenderlo y volver a él para cambiarlo. ¿Listos?

2. ¿Por qué no es posible aprender a pensar leyendo filosofía?

Leer un libro de filosofía es como ponerse ante los mandos de un avión gigante como el Boing 747-300 sin formación previa, donde el complejo cuadro de mandos contiene toda la historia de los avances de la aviación. Con suerte y ayuda, tardaríamos horas en entender cómo arrancar el avión, pero hacerlo despegar —y no digamos aterrizar— sería tarea casi imposible. E imagínate cómo sería con aviones como el Concorde, quizás el que tuvo el más complejo instrumental de la aviación civil. Algo parecido ocurre con la filosofía: leer un libro de filosofía es entrar en el corpus histórico de los textos canónicos establecidos durante su historia por sus instituciones académicas. El corpus filosófico empezó con el *Corpus Aristotelicum,* que fue el primer conjunto de libros de Aristóteles. Todo intelectual de la Antigüedad o alumno de filosofía tenía que conocerlo en profundidad si quería dedicarse no solo a la filosofía, sino incluso a la teología. Y esto fue así desde que Andrónico de Rodas realizara tal clasificación en el siglo I a. C. hasta al menos el siglo XIX, cuando Bekker estableció la edición crítica de la obra aristotélica. Poco a poco las universidades fueron añadiendo otros textos considerados imprescindibles en sus currículos.

La filosofía nos puede dar sensaciones extremas de vértigo, como pilotar un caza F-35, pero hay que estar preparado para ello. El pensamiento crítico se asemeja más a una montaña rusa. El resultado puede ser emocionante, pero resulta predecible porque el método hace que vayamos sobre raíles.

Leer filosofía es como una *World Wide Web* de referencias cruzadas formada por interpretaciones de interpretaciones. Es lo que se llama *intertextualidad* en lingüística. Se trata de textos relacionados entre sí explícitamente mediante citas o comentarios o, implícitamente, con referencias ocultas, incluso inconscientes para el propio autor. Por eso no se puede entender a Hegel sin leer casi toda su obra y a muchos autores anteriores, como Aristóteles, o contemporáneos, como Schelling y Fichte. Incluso perder de vista el contexto histórico puede inducir a interpretaciones erróneas. Esto convierte la filosofía en tan ardua tarea que, para entender algo, hay que pasar años de lectura insoslayable de textos casi crípticos. Un ejemplo escogido al azar:

«el señor es la conciencia que es para sí, pero no ya simplemente el concepto de ella, sino una conciencia que es para sí, que es mediación consigo a través de otra conciencia, a saber: una conciencia a cuya esencia pertenece estar sintetizada con el ser independiente o la coseidad general».

Este sería un fragmento de la dialéctica del amo (señor) y el esclavo que Hegel desarrolla en *Fenomenología del espíritu,* destacando cómo el uno no puede existir sin el otro. ¿Está claro que no lo está? La lectura de esta obra hegeliana no nos ayuda en nada a desarrollar el pensamiento crítico, y menos si imaginamos a personas que tienen que tomar decisiones difíciles, como si invierten cincuenta millones de euros en un proyecto. La filosofía no nos permite aplicar el pensamiento como una técnica. Tenemos que escoger el camino del pensamiento crítico.

3. ¿Dónde se enseña el pensamiento?

En las antiguas civilizaciones, como la egipcia, las élites de sacerdotes y altos funcionarios ocultaban el conocimiento a los estratos inferiores. Esto cambió en la sociedad ateniense, donde se democratizó el saber y nacieron las primeras academias de pensamiento, como la Academia de Atenas, fundada por Platón en el 387 a. C., que duró al menos hasta el 160 a. C. Le siguieron el Gimnasio de Aristóteles, el Jardín de Epicuro, la Stoa de Zenón y el Museo de Alejandría en 280 a. C., también iniciado por Aristóteles, donde se ubicaba la famosa biblioteca. Curiosamente las academias de Platón y Aristóteles se encontraban en un gimnasio, cosa que actualmente nos deja un poco perplejos. Lo importante de estas protouniversidades es que no se dedicaban únicamente a transmitir conocimientos, sino especialmente a crearlos. No digo que no se crearan anteriormente nuevos conocimientos, pero generalmente se trataba de soluciones a problemas prácticos; en cambio, en Grecia empezamos a ver qué son la innovación y la investigación como pensamiento teórico que intenta avanzar y proponer cosas nuevas.

Recuerda el famoso frontispicio de la Academia de Platón, que decía «Aquí no entra nadie que no sepa geometría». El conocimiento de la geometría suponía en ese tiempo una capacidad de abstracción, de razonamiento ordenado, que a Platón le parecía imprescindible para dedicarse a la filosofía con seriedad. Si no tienes la maestría de geometría, no vengas. La filosofía como teoría, es decir, como racionalización del conocimiento, como búsqueda de los elementos esenciales de la realidad, escoge entre varios métodos de razonamiento posibles la misma geometría, que será la base de la lógica formal. Como el filósofo español Gustavo Bueno ha señalado en más de una ocasión, la geometría y la filosofía están íntimamente relacionadas. La primera permite un razonamiento universal más allá de toda cultura si se aceptan sus axiomas. Actualmente la enseñanza del pensamiento para adultos o profesionales está dispersa en diversas instituciones, como universidades, escuelas de negocios, fundaciones, ateneos, algunas consultoras, así como en facilitadores o *coaches* individuales especializados en el tema. No existe aún una institución especializada al respecto, pero debería inventarse. El pensamiento ha de volver al ciudadano, al ágora de nuestro tiempo, al lugar donde suceden las cosas, donde se debaten las ideas, donde se toman las decisiones. Hay que salir de las aulas, a la calle, al mercado, a la empresa, a Twitter, a Instagram.

4. Pensar dentro y fuera de la caja

Es habitual encontrarse en una situación donde nuestra mente está habituada a no pensar o a pensar poco y, además, con un pensamiento heredado que nos da solución a todo. Este pensamiento se convierte en una zona de confort donde uno no tiene incentivos para salir. Es lo que habitualmente se llama en inglés *la caja,* el pensamiento estandarizado, cerrado a los desafíos y a la diferencia; por eso se nos invita a pensar fuera de la caja *(thinking out of the box),* de una manera abierta, crítica y creativa que nos permita salir de la zona servil donde estamos. La mejor manera de representar la metáfora de la caja es con un cubo, la forma geométrica más simple para envolver un espacio apilable. Por eso aquí imaginamos esa zona de confort como un cubo en sus tres dimensiones y te invitamos a salir por cualquiera de sus caras o, incluso mejor, por todas.

No es casualidad que nos encontremos aquí con la geometría otra vez. El razonamiento escogió la deducción geométrica como su modelo. Aquí he elegido un método o una disciplina filosófica para ayudarnos a salir de cada una de las caras del cubo donde nos encontramos. Cada uno de estos métodos nos permitirá ejercer una fuerza contra los límites del cubo que nos mantienen en esa zona de confort del pensamiento.

Mi sistema cumple todas las características habituales del pensamiento crítico que hemos visto anteriormente en la tradición norteamericana y además las relaciona con los métodos tradicionales de probada eficacia en la tradición filosófica. Todos se estructuran en el sistema de las 10 fuerzas, que define un proceso de crecimiento personal completo para llegar a ser un auténtico gurú. Este sistema además contempla el plano ético y la creatividad, que me parecen esenciales para diferenciarnos de los algoritmos artificiales que actualmente utilizan las máquinas pensantes. Precisamente la creatividad en general se acepta como crucial tras la revisión realizada por David R. Krathwohl en 2002 de la taxonomía de Bloom, una clasificación de los objetivos de aprendizaje por niveles de complejidad cognitivos utilizada en la disciplina del pensamiento crítico. Anteriormente el original teórico Edward de Bono también integró pensamiento tradicional y creatividad en su célebre método de los seis sombreros para pensar.

Mi sistema también prepara para la acción añadiendo la capacidad de toma de decisiones. Se piensa para hacer algo, no en abstracto. De esta manera, serás capaz de desarrollar tus proyectos y poder alcanzar tus propios objetivos e, incluso, podrás enseñar o inspirar a otros. Pensar es también enseñar a pensar, pues cuando dialogamos con otros todos nos enriquecemos. No solo se trata de hacerse con la técnica, sino de convertirse en un pensador profesor, en aprender a pensar como un gurú.

5. El sistema de las 10 fuerzas

Si alguien acepta un discurso acríticamente, sin analizarlo, está manifestando un pensamiento débil. El pensamiento crítico busca la validez, por lo que analiza cuidadosamente todos los argumentos para ser fuerte, resistente a los contraargumentos. Para aprender a pensar como un gurú deberás entrenarte con las 10 fuerzas del pensamiento crítico transformador e iniciar un viaje mental para ir adquiriendo nuevas habilidades o capacidades extendidas.

El sistema de las 10 fuerzas del pensamiento crítico transformador está estructurado por niveles sucesivos como si se tratara de peldaños. Aunque algunos pueden estudiarse por separado y en cualquier orden porque se basan en técnicas independientes, se debe seguir el orden propuesto para que te permita desarrollar un proyecto vital o un proyecto particular. El aprendizaje del sistema de las 10 fuerzas es un proceso de transformación personal de pensador espontáneo a gurú pensador, un sistema de crecimiento individual que te ayudará a enfocar mejor tu vida y a obtener los resultados esperados. En definitiva, a diferencia de los sistemas habituales, aquí conseguirás:

- **Aprender a pensar como un gurú.** Aprender los métodos y habilidades del pensamiento crítico. Conocer las fuerzas que te permiten pensar desde diferentes puntos de vista a través de sus métodos y habilidades.

- **Aprender a actuar como un emprendedor.** Aprender a realizar un proyecto con el pensamiento crítico. Poner las fuerzas a trabajar en un orden específico encaminadas a lograr realizar un proyecto propio con la ayuda del pensamiento crítico.
- **Aprender a ser sabio.** Aprender a pensar con valores. Realizar un proceso de transformación personal que te lleve a cultivar la sabiduría.

«EL PENSAMIENTO CRÍTICO BASADO EN LAS 10 FUERZAS NACE DE UNA VOLUNTAD DE PODER».

El sistema para aprender a pensar como un gurú a través de las 10 fuerzas del pensamiento crítico transformador te ayudará a decidir mejor las acciones que realizar. Es un método personal y práctico, pero también verás cómo aplicarlo a las organizaciones más adelante. Mientas que la filosofía surge de una voluntad de saber pura, el pensamiento crítico basado en las 10 fuerzas nace de una voluntad de poder, es decir, de la praxis, de las ganas de hacer cosas y de conseguir buenos resultados en las acciones que se realizan.

Te voy a enseñar cuáles son estas fuerzas que debes dominar como un karateca mental y a qué pregunta principal quiere responder cada una:

- 1.ª fuerza: Reflexionar (¿dónde estamos?).
- 2.ª fuerza: Emprender (¿a dónde vamos?).
- 3.ª fuerza: Dudar (¿cuáles son los dogmas?).
- 4.ª fuerza: Criticar (¿cuál es el problema?).
- 5.ª fuerza: Dialogar (¿qué dicen los demás?).
- 6.ª fuerza: Razonar (¿la solución es coherente?).
- 7.ª fuerza: Comprender (¿la solución es comprensible?).
- 8.ª fuerza: Sentir (¿cuál es el propósito?).

- 9.ª fuerza: Innovar (¿cuáles son las opciones?).
- 10.ª fuerza: Actuar (¿cuál es la mejor opción?).

Una vez completado el sistema, habrás salido del cubo y adquirido las competencias prácticas del pensamiento crítico a nivel individual. También habrás conseguido desarrollar un proyecto personal que te ayudará a tu propio crecimiento individual.

6. ¿Cómo funciona el sistema de las 10 fuerzas?

Este sistema es una combinación de inteligencia cognitiva y de inteligencia emocional como fue definida por Peter Salovey y John Mayer y posteriormente popularizada por Daniel Goleman en el ámbito organizacional. No puede funcionar la primera sin la segunda.

Está estructurado en tres grupos de fuerzas. Las dos primeras (reflexionar y emprender) constituyen el camino crítico y nos permiten definir los puntos de partida y de llegada deseados. El punto de llegada se irá actualizando durante todo el proceso y pasará de objetivo a realidad. Se trata de fuerzas que necesitarás conocer y asimilar previamente a la decisión de salir del cubo; son el camino crítico. En filosofía se llamarían *propedéuticas* o *preparatorias*. Incluyen también habilidades de la inteligencia emocional intrapersonal, como el autoconocimiento y el autocontrol.

Una vez definidos los dos puntos del proceso, utilizaremos las seis fuerzas centrales del pensamiento crítico que se agrupan como inteligencia crítica (dudar, criticar, dialogar, razonar, comprender y sentir) para liberarnos del pensamiento normalizado y poder salir del cubo. Esta inteligencia crítica es una auténtica combinación de inteligencia cognitiva e inteligencia emocional al máximo nivel porque se enfoca tanto en capacidades intrapersonales (dudar, razonar y comprender) propias de la inteligencia cognitiva y de la inteligencia emocional intrapersonal como en capacidades interpersonales (criticar, dialogar y sentir), más propias de la inteligencia emocional interpersonal porque dependen de la capacidad de gestión de las relaciones sociales. La inteligencia crítica está constituida por los métodos exitosos de la filosofía y asume aspectos de la inteligencia emocional, como la empatía, la motivación y la capacidad de relación social.

Estas fuerzas nos ayudan a salir de la caja donde está encerrado el pensamiento.

Una vez que hayamos logrado asimilar estas habilidades, estaremos en disposición de pasar a utilizar el último grupo de fuerzas, que llamamos acción crítica (innovar y actuar), que nos permitirán generar alternativas y tomar decisiones hasta llegar a nuestro objetivo definido. Estos dos últimos niveles utilizan las fuerzas que representan el punto de aterrizaje en la acción y nos posibilitan decidir las mejores soluciones. Representan las cosas que podrás hacer cuando hayas salido del cubo. Son la acción crítica.

Todas las agrupaciones de las fuerzas del pensamiento crítico son críticas porque trascienden la espontaneidad con método y son muy relevantes para nuestra vida.

Gráfico 2.1. Agrupaciones de fuerzas del sistema

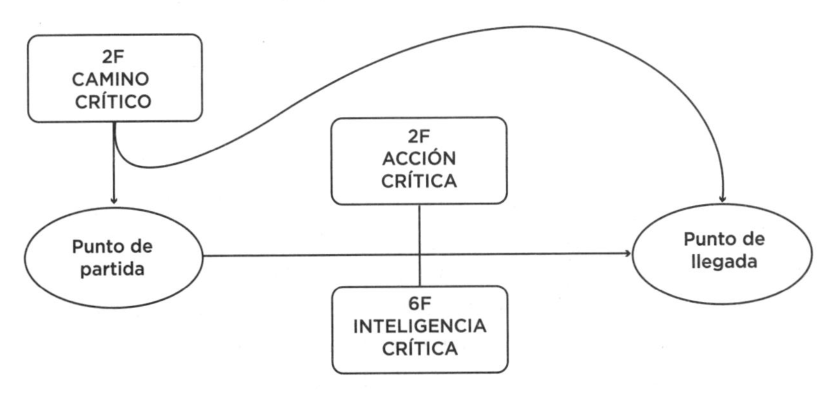

Como he dicho anteriormente, podemos usar los métodos del sistema por separado cuando sea necesario en situaciones que no tienen que ver con nuestro proyecto escogido. Sin embargo, para convertirse en un gurú hay que definir un camino crítico de transformación personal siguiendo el orden del sistema. De esta manera, experimentaremos sobre nosotros mismos la eficacia del pensamiento crítico, abierto y efectivo. Como veremos, tanto los *inputs* como los *outputs* con los que vamos a lidiar son discursos, textos, sean estos orales, escritos o incluso visuales. Esa hipertextualidad en la que estamos inmersos y de la que formamos parte es nuestra materia prima. Existen muchos métodos de transformación personal; incluso no tienen por qué estar en contradicción con este, pero lo que hace a este diferente estriba en que su motor es el pensamiento crítico.

Gráfico 2.2. Desarrollo secuencial del sistema de las 10 fuerzas

SISTEMA DE LAS 10 FUERZAS DEL PENSAMIENTO CRÍTICO

FUERZAS DE LA INTELIGENCIA CRÍTICA

Dudar
Criticar
Dialogar
Razonar
Comprender
Sentir

Reflexionar
Emprender

FUERZAS DEL CAMINO CRÍTICO

Innovar
Actuar

FUERZAS DE LA ACCIÓN CRÍTICA

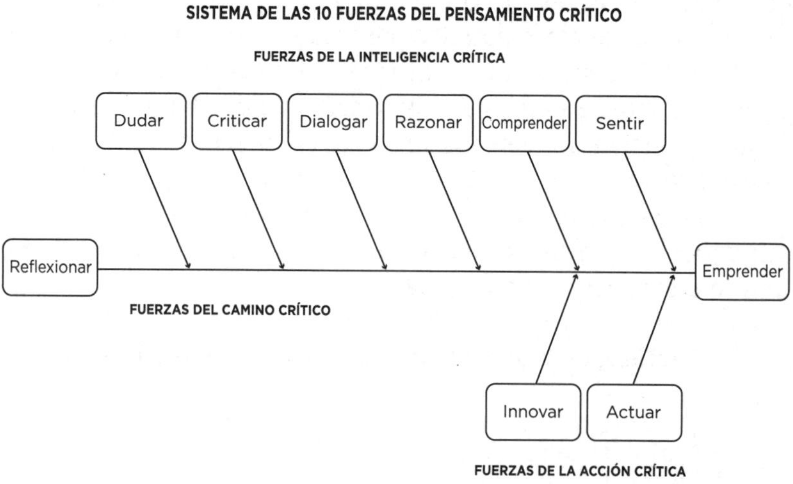

Cuando hablamos con alguien, cuando nos piden algo, cuando nos preguntan, cuando nos pasan un informe, cuando hacemos una reunión y en todos los caso imaginables, estamos tratando con textos, y como tales debemos analizarlos y responder a ellos. Cuando damos una conferencia o una clase, cuando redactamos un memorándum, cuando contestamos a alguien, estamos construyendo textos, estamos escribiendo, elaborando discursos. El lenguaje contiene los mensajes que nos intercambiamos las personas en el proceso comunicativo, que son enunciados que forman parte de discursos. Todos son textos para construir y deconstruir. Lo que aprendemos pensando es que los textos se pueden analizar de diferentes maneras y es muy relevante qué queremos hacer con ellos. Nuestra intencionalidad, nuestros valores, nuestros objetivos, todo ello importa porque los textos sin contexto no sirven para nada; no sirven para comprender, aunque quizás sí para otra cosa nada noble. El pensamiento crítico es completamente contextual; debemos rehuir del pensamiento abstracto porque no nos ayuda. Pensar es también ganar, de una manera positiva, sin perjudicar a otros; es adquirir conocimiento, reducir el diferencial que nos separa de nuestros objetivos. Todas las interacciones sociales y toda dinámica natural se desarrollan gracias a las diferencias.

El objetivo último de nuestro sistema es ganarnos a nosotros mismos.

7. Reducir la incertidumbre

Si despojamos a los humanos de todas sus ideas y los observamos como una máquina, veremos que cumplen las leyes de la física, como la segunda ley de la termodinámica, en la que se establece que todo tiende al desorden energético, a la entropía. Autores recientes, como el neurólogo Karl Friston, explican que el cerebro funciona para reducir ese desorden o, dicho de manera más comprensible, la sorpresa. El cerebro recoge y analiza datos, formula conjeturas sobre la realidad y toma decisiones para reducir la incertidumbre, es decir, la sorpresa, los efectos inesperados, incluso adversos, de su interacción con el exterior, con la realidad. El cerebro toma decisiones de lo que hacer para encontrar la conducta óptima guiado por sus análisis y conclusiones. Y aprende de ello en cada interacción y refina su capacidad de inferencia a través de los resultados de la experiencia, como hacen algunos algoritmos de inteligencia artificial, como el programa de aprendizaje por refuerzo *(reinforcement machine learning)*. Los humanos empleamos la energía libre a disposición para asegurarnos la supervivencia en el mundo, tanto en lo fisiológico como en lo reproductivo e incluso en lo productivo social, pero también para anticiparnos al futuro y tomar las menos decisiones erróneas posibles. Lo hemos visto con Wagensberg (pensar es pensar la incertidumbre) y con Dewey (aprender es aprender a pensar).

«Pienso, luego existo», decía Descartes como prueba incontrovertible de la existencia. El acto de pensar es la prueba de que estoy vivo. Pensar es utilizar las 10 fuerzas del pensamiento crítico transformador para salir del cubo opresor donde te encuentras y desarrollar una empresa en el sentido amplio de proyecto vital. Sin pensar no podemos existir; serán otros los que existirán a través de nosotros.

«LO QUE NO PUEDE PENSARSE NO PUEDE HACERSE».

El pensamiento crítico es la intersección entre filosofía y pensamiento. La filosofía es para académicos, pero el pensamiento es para todos. Lo que no puede pensarse no puede hacerse. Lo que hacemos ya ha sido pensado, por lo que, si queremos hacer algo diferente, tenemos que pensarlo. Esto es lo que aprenderás en los siguientes capítulos ejercitando un pensamiento ágil, creativo, crítico, efectivo, ubicuo y universal que te ayude tanto en el ámbito personal como en el organizacional. Y acabarás convirtiéndote en un auténtico gurú.

Tabla 2.3. Las 10 fuerzas del pensamiento crítico transformador

#	Fuerza	Método de pensamiento	Agrupación	Inteligencia
1	Reflexionar	Autodiagnóstico individual	Camino crítico	Emocional: autoconocimiento
2	Emprender	Proyección personal	Camino crítico	Emocional: autocontrol
3	Dudar	Duda metódica	Inteligencia crítica	Cognitiva
4	Criticar	Crítica radical	Inteligencia crítica	Emocional: motivación
5	Dialogar	Dialéctica emocional	Inteligencia crítica	Emocional: empatía
6	Razonar	Lógica formal	Inteligencia crítica	Cognitiva
7	Comprender	Hermenéutica discursiva	Inteligencia crítica	Cognitiva
8	Sentir	Ética sostenible	Inteligencia crítica	Emocional: relación social
9	Innovar	Creatividad transversal	Acción crítica	Cognitiva
10	Actuar	Inferencia probabilística	Acción crítica	Emocional: autocontrol

3

PENSAR FUERA DE LA CAJA CON LAS 10 FUERZAS

1. El pensamiento de Rodin. ¿Es transformador el pensamiento?

Todos conocemos la famosa estatua *El pensador,* de Auguste Rodin, de 1882. Encontramos a un hombre corpulento como un gimnasta sentado desnudo sobe una piedra con el puño bajo el mentón y el codo sobre la pierna, en actitud reflexiva. Al verla se diría que el pensador está haciendo un intenso esfuerzo, parece que está dedicando un tiempo considerable a tal labor, por lo que se halla en una postura en la que puede permanecer sentado de esa manera indefinidamente. Parece que piensa algo importante. Su cara es seria y preocupada. De hecho, sabemos que el pensador es Dante Alighieri. Está pensando su *Divina comedia.* Nos da la talla de la gravedad del pensamiento. Pensar es una tarea importante. Pensar en cosas importantes consiste en una actividad doblemente importante. El pensador de Rodin es un pensador con método; por eso necesita tiempo. No se contenta con cualquier conclusión. Pensar no nos convierte en pensadores, pero si conseguimos evolucionar desde nuestro pensamiento espontáneo hacia el pensamiento crítico, empezaremos a ser auténticos pensadores, lograremos pensar como un gurú. Pero para llegar a conseguirlo primero tenemos que saber dónde estamos, de dónde partimos y en qué sitio estamos parados como una estatua, y desde allí empezar a movernos, trazar nuestro viaje de transformación personal hacia la adquisición de las 10 fuerzas con las que pensar con rigor. El pensamiento crítico es transformador.

2. La zona de confort o la servidumbre del cubo

Actualmente se habla mucho o demasiado de la zona de confort. Me atrevo a decir que, si realmente fuera una zona de confort auténtica, nos parecería muy positivo permanecer en ella. No es fácil construir y desarrollar el confort en nuestra sociedad. Muchos siglos y sufrimientos nos han costado para prescindir de ello.

Habitualmente se llama *zona de confort* a aquella donde estamos seguros o apalancados en nuestra holgazanería, donde lo que nos pasa es al menos predecible, aunque no sea bueno. Pero el gran problema es que esta zona en realidad es de servidumbre y de riesgo latente. Podemos decir que es un área de sumisión inconsciente. Constantemente somos recompensados por estar en esa zona de servidumbre. Convicciones, presuposiciones, creencias, hábitos que damos por sentados como ciertos, conforman esa zona fatídica que nosotros pensamos incluso que hemos elegido libremente y donde podemos ser lo que creemos que somos con falsa autenticidad.

El pensamiento espontáneo e innato se mueve únicamente dentro del pensamiento normalizado por las industrias de pensamiento. Superar este enclaustramiento requiere un pensamiento crítico basado en métodos contrastados y en una inequívoca voluntad de poder para vencer todos los obstáculos necesarios y así conseguir los objetivos personales. Muchas veces el pensamiento espontáneo se convierte en crítico debido al sufrimiento. Pero es importante salir de la intimidad de la clarividencia para no quedarse en una crítica estética. No hay atajos posibles ni analgésico existente para oponerse a la normalización. Parafraseando a Lou Marinoff, ni Platón ni Prozac. Hábitos que creemos naturales, que nos identifican, que nos encantan, suelen ser certezas falsas donde anclamos nuestro yo mediante la suspensión del pensamiento crítico. Ante la falta de pensamiento metódico, todos nos impulsan únicamente a identificarnos con un discurso, a contraponernos entre nosotros y, por tanto, a odiar, a delatar y a castigar.

«ESTAR EN LA ZONA DE CONFORT ES PENSAR DENTRO DE LA CAJA».

La zona de confort nos imprime incluso una falsa seguridad porque mientras persistimos en ella no nos estamos preparando para afrontar problemas probables, con lo que cada día corremos más riesgo de ser destruidos por una amenaza imprevista.

Estar en la zona de confort es pensar dentro de la caja, en lo que llamamos *cubo*. Solamente podemos trascenderlo con las seis fuerzas nucleares de la inteligencia crítica del pensamiento que están dentro del sistema de las 10 fuerzas. Para aplicar las seis fuerzas primero tenemos que haber ejercido las fuerzas preparatorias de la reflexión y del emprendimiento y, si finalmente salimos del cubo, podremos utilizar las fuerzas de la innovación y la acción. El pensamiento no debe ser ni arbitrario ni fortuito; ha de basarse en un método como el sistema de las 10 fuerzas para alcanzar nuestros objetivos.

3. La normalización social

Estamos sometidos a un proceso de hipernormatividad social. Nuestra vida está sujeta cada vez más a normas y regulaciones. Esto no es algo ni bueno ni malo en sí; simplemente es la única manera de gestionar la complejidad social. La disciplina social llega a todos los ámbitos y racionaliza hasta el extremo la vida de las personas. Michel Foucault se dedicó a estudiar el proceso de racionalización social que conllevó el proceso de industrialización con el ascenso de la burguesía como clase dominante hasta la formación del sistema económico vigente. Lo estudió en campos tan diversos como la ciencia, el derecho, la medicina, la criminología y la sexualidad. El aumento de la normatividad social se reconoce especialmente a través de la segmentación del tiempo y del espacio sociales.

Cada vez relojes más precisos cronometran la vida social y los procesos productivos. Piensa en un calendario agrícola en la Antigüedad, basado en eventos naturales y con una cadencia repetida de un año, con sus estaciones y sus épocas productivas, como un eterno retorno. Se calcula que se trabajaba entre treinta y noventa días al año. Compáralo ahora con un calendario de la época industrial, donde la producción se mide en días repetidos, con una jornada laboral de ocho horas (doce en sus inicios) y con la segmentación de tareas repetidas durante trescientos treinta días al año o más y un resto de horas para reponer fuerzas. En cambio, en la era industrial el taylorismo, cronómetro en mano, se caracterizó por medir las tareas de los operarios para maximizar su rendimiento.

Del mismo modo ocurre con la segmentación del espacio. La arquitectura nos muestra cómo la burguesía ha ido cerrando espacios comunes de las familias por funciones. La alcoba conyugal era inexistente en el Medievo; se inventó como consecuencia de la primera burguesía inglesa, que heredaba la denostada aristocracia de mentalidad puritana. Son muchas las cosas que se han ido diferenciando con el paso del mundo rural al industrial. Sucedió algo más tarde también la tipificación de la infancia no productiva como antagonista de la edad adulta o la adolescencia: antes los niños trabajaban y luego dejaron de hacerlo los jóvenes a medida que las leyes los fueron protegiendo y excluyendo. Este proceso de invención de las edades, de su categorización, que impedía entrar en la máquina productiva industrial, fue un proceso dramático. La segregación social se realizó en función de la productividad. Se excluyó a menores, locos y delincuentes, cosa que no era así en el pasado. De hecho, las penas siempre habían comportado esclavitud o trabajos forzados, pero no únicamente privación de libertad. El sometimiento de las grandes masas de artesanos urbanos al trabajo industrial en Europa fue un proceso social extremadamente duro. Muchas leyes y sistemas de control tuvieron que surgir para obligar a los trabajadores a someterse a la disciplina del trabajo diaria inexistente en el mundo rural. La gente cuando cobraba no volvía a trabajar hasta que se le acababa el dinero. Y bebía y se dedicaba a los vicios menos selectos. El rechazo natural y la desgana espontánea del trabajo disciplinado, el absentismo, eran el pan de cada día. Algo parecido a cuando hoy en el tercer mundo se intenta industrializar. Por ejemplo, en un país africano una ONG regaló algunos tractores y los nativos los utilizaron para hacer carreras entre ellos. Europa pasó su etapa de rechazo al trabajo.

La vida fuera de la producción empezó también a entrar en una disciplina social con los grandes medios de comunicación y el consumismo. Las horas de reproducción de la mano de obra se fueron convirtiendo en ocio orientado al consumo. Estos procesos sociales demuestran que el poder no solo controla y reprime, sino que sobre todo produce: produce nuevas divisiones y nuevas normas que los sujetos asumirán como naturales a no ser que estén dotados de una gran conciencia crítica capaz de trascender todo el orden del discurso dominante que ahoga la originalidad y la capacidad de elegir.

La sociedad digital ha aumentado la disciplina y la racionalización hasta límites insospechados, y ese es el peor peligro y el mayor inconveniente. Hemos perdido grandes dosis de libertad a cambio de seguridad y de tener una vida predecible. Sometimiento inconsciente al poder a cambio de un mínimo confort: esa es la esclavitud digital. Según un estudio de prospectiva social que el famoso economista Jacques Attali describe en su libro *Breve historia del futuro,* en el futuro las empresas de seguros dominarán nuestra vida y nos obligarán a hacer cosas como no beber o no fumar o hacer dieta en función de la edad y de la salud que demuestren los análisis, como si se tratara de exámenes, para poder seguir teniendo cobertura médica. Ya no será una recomendación; será obligatorio. Con *big data* será fácil predecir nuestros riesgos en todo momento y restringir nuestro comportamiento para poder seguir disfrutando de la seguridad y el confort al que salarialmente podamos aspirar. El personaje Big Brother de Orwell, o lo que Foucault llamó *panopticon* (el poder que todo lo observa) en *Vigilar y castigar*, está omnipresente en nuestra sociedad de una manera ubicua pero discreta, y su nombre, según nos ha enseñado Snowden, se llama PRISM y es operado por la Agencia de Seguridad Nacional de EE. UU. (NSA).

Nuestra civilización tecnológica ha ido segmentando los espacios cada vez más especializados en actividades concretas y normativizadas y en tiempos cada vez más pequeños. Los nanosegundos son importantes. Actualmente empezamos a segregar a todos los que no producen valor añadido. Si antes los miembros no productivos eran excluidos del sistema social, ahora la exclusión social está creciendo exponencialmente con la automatización productiva y la inteligencia artificial. La sociedad digital sanciona, castiga, etiqueta, parceliza, jerarquiza, vigila y controla el tiempo, las relaciones, el placer, el saber, quién puede hablar y quién no. Divide lo normal de lo anormal. Produce personalidades en serie, pensamiento normalizado.

4. Las fábricas del pensamiento

El pensamiento normalizado conforma los discursos sociales dominantes, que no son creados por uno mismo ni adoptados libremente, como pensamos habitualmente, sino que proceden de las industrias del pensamiento para disciplinar a la sociedad mediante estímulos positivos (recompensa e identidad) y negativos (castigo, odio y sufrimiento). Estas industrias son instituciones discretas (*think tanks,* centros de investigación, algunos departamentos en universidades, fundaciones, ONG, servicios secretos, etc.) al servicio del poder donde se producen discursos que otras instituciones se dedican a difundir hasta la saciedad.

Además, el pensamiento normalizado suele ser el producto de varias influencias: la escuela, la familia, los medios de comunicación, los medios sociales, el entorno, etc. El pensamiento crítico rompe con la normalización gracias a nuestro esfuerzo individual y a lo que nos aportan algunas personas, algunos libros, vídeos, etc.

El pensamiento normalizado es el pensar dentro de la caja, por oposición a la metáfora de pensar fuera de la caja *(out of the box)*. Es un pensamiento sumiso, convencional, estándar. Es el pensar dentro de la caja, y la caja es por simplificación la figura geométrica del cubo. Lo primero que tenemos que hacer es entender y delimitar el cubo donde nos encontramos encerrados. Pensar dentro del cubo es, por ejemplo, hacer un MBA. Un MBA hace empleados o directivos cortados por el mismo patrón, dotados de las mismas herramientas y técnicas. Es una fábrica de pensamiento, pero no enseña a pensar. Pone el foco en planificar y ejecutar, en vez de innovar y probar. Se mueve en un ambiente como si no hubiera incertidumbre, que en realidad siempre existe, aunque puede ser alta o baja. Hay que cambiar el chip si queremos salir de la caja, transformar la mentalidad servil por otra rebelde. Pero no cualquier rebeldía. Tenemos demasiados rebeldes sin causa y muchos emprendedores sin misión. Por el contrario, necesitamos una rebeldía creativa, una destrucción creativa, como decía Schumpeter. Esta rebeldía nos sirve para romper con el pensamiento normalizado y salir fuera de la caja, del cubo, para pensar fuera de la caja *(thinking out of the box)*, pensar fuera del cubo, que es la expresión del pensamiento crítico, la disrupción al cubo.

Otra peligrosa tendencia del pensamiento normalizado es la propensión a moralizar cualquier debate conceptual. Se divide maniqueamente entre buenos y malos sin medias tintas ni analizar los argumentos. La moralización suprime la racionalidad y suspende todo posible diálogo. Convierte a los antagonistas de una postura intelectual en culpables merecedores de odio y, en última instancia, de aniquilación. El pensamiento es también un antídoto contra esta peligrosa vocación de nuestra sociedad avanzada.

5. Los mejores métodos del pensamiento

Cada fuerza del sistema de las 10 fuerzas utiliza una metodología de pensamiento diferente, la mayoría teorizadas por la filosofía. Esa es la parte que se puede enseñar; después, una vez adquiridos los conocimientos, asimilados los métodos y desarrolladas las habilidades, hay que entrenar, y mucho, como en el deporte:

- **Autodiagnóstico individual.** El punto de partida es la autorreflexión, tener una idea lo más clara posible de quiénes somos y en qué estadio estamos. Muchos filósofos han hablado de la intuición como método filosófico que nos da certezas. Sabemos que nuestro cerebro es capaz de llegar a conclusiones correctas en una fracción de segundo sin que podamos explicarnos el porqué.

- **Proyección personal.** Determinación de objetivos. Es algo muy personal, pero hay diversos métodos para poder definir unos objetivos.
- **Duda metódica.** Método explicitado por Descartes para llegar a un conocimiento cierto. Tiene una larguísima tradición que se remonta hasta Sócrates y que, por supuesto, llega hasta nuestros días. Nos permite dudar de todas las verdades establecidas.
- **Crítica radical.** Método formulado por Kant buscando los límites del conocimiento y sus condiciones de posibilidad. Igual que el anterior, cuenta con una larguísima tradición racionalista que se remonta a Aristóteles en su crítica a Platón y que llega hasta autores modernos, como Marx. Richard Paul es el autor contemporáneo que ha conseguido popularizar el pensamiento práctico como pensamiento crítico.
- **Dialéctica emocional.** Método que se remonta a Platón pero que muchísimos autores de la tradición filosófica han desarrollado y reinterpretado, como Hegel. La dialéctica ha seguido en el debate teórico hasta nuestros días con Žižek. La dialéctica empieza como un diálogo entre personas, pero acaba como método conceptual para dialogar entre conceptos o textos. La calificamos de emocional porque el diálogo debe hacer profesión de empatía, de inteligencia emocional.
- **Lógica formal.** Método formal que se remonta a la silogística de Aristóteles que estudia el razonamiento válido. Tiene una tradición muy rica que la ha convertido en una auténtica rama fundamental de la filosofía matemática. Su contrapartida es la detección de falacias y paradojas, tan frecuentes actualmente. También tenemos que incluir aquí el método científico, un producto de la filosofía, no su antagonista.
- **Hermenéutica discursiva.** Método nacido de la interpretación de textos jurídicos y sagrados adoptado por la filosofía. Los textos filosóficos se interpretan unos a otros a lo largo de la tradición. También incluimos en este apartado técnicas más modernas, como el análisis lingüístico, especialmente el semántico, clave actualmente en inteligencia artificial y que constituye una disciplina dentro de la filosofía, así como un ámbito de conocimiento interdisciplinar.
- **Ética sostenible.** Aunque no es propiamente un método sino una dimensión tradicional de la filosofía práctica que se remonta

a Aristóteles, da sentido a la utilización de las herramientas del pensamiento. La ética es necesaria en la definición de todo pensamiento porque el pensar es siempre para alguien y para conseguir algo. Hablo de sostenibilidad porque la ética no es universal, pero debe mantener un equilibrio entre consecución de la felicidad y propósito vital.
- **Creatividad transversal.** Se basa en el núcleo del pensamiento lateral de De Bono y otras técnicas más simples de generación de ideas. En todo caso, la creatividad es transversal porque intenta saltar las barreras de las diversas disciplinas.
- **Inferencia probabilística.** Se fundamenta en diversas técnicas científicas, como la teoría de la decisión matemática, la teoría de probabilidades o las inferencias bayesianas.

Cada uno de estos métodos nos ayudará, como verás a lo largo del libro, a desarrollar un nivel específico del camino hacia el pensar crítico. Las fuerzas te permitirán romper o desplazar los lados del cubo, es decir, los límites del pensamiento normalizado y cerrado donde presumiblemente te encuentras.

El pensamiento es una voluntad de poder bienintencionada, la voluntad de hacer cosas, de actuar para conseguirlas, de ganar para tener un beneficio; es una capacidad eminentemente práctica. Todo lo que hacen los humanos siempre es para alcanzar un resultado. Puede que no sea instrumental o material, pero eso no quiere decir que no sea práctico; por eso no encuentro mejor manera de definir el pensamiento que como emprendimiento en un sentido muy general.

6. La inteligencia crítica nos ayuda a salir del cubo

Salir fuera del cubo no es solo ser crítico con la verdad establecida, innovar, ser creativo, pensar sin marcos mentales normalizados, sino la única manera de ser libre, de hacer lo que uno quiere, de cumplir nuestra misión, nuestro propósito. Por eso pensar al cubo es fundamental también para nuestro propósito vital y la felicidad. El cubo es ese hexaedro en el que estamos apresados, encajonados en virtud de la normalización social del pensamiento. Pensar fuera del cubo consiste en pensar más allá de la caja, salir de ella; es pensar a la tercera potencia. En definitiva, es pensar que pensamos lo que pensamos. Es una elevación a la potencia de nuestro propio yo, de nuestro pensamiento individual espontáneo. El monólogo interior de nuestro yo (pensar) por el diálogo con nuestro yo antagonista que vemos en el espejo interior (pensar al cuadrado) por el diálogo con otros (pensar al cubo). Formalmente, el pensamiento del yo por el pensamiento del antiyo (el yo reflejado, la reflexión) por el pensamiento de los otros-yo (los otros, el diálogo) es igual al pensamiento crítico o disrupción del cubo:

$$P^3 = P \cdot P_a \cdot P_o$$

Esta es la operación mínima del pensamiento. Las seis fuerzas centrales de la inteligencia crítica están incluidas en estas tres potencias.

Llamamos *límites* a las seis caras del cubo. Las veremos en los próximos capítulos. Las denominamos *límites* porque son los grandes bloqueantes del pensamiento crítico que mantienen nuestra mente ocupada con la inútil vulgaridad y la pacífica inutilidad de nuestra zona de servidumbre. Son fuerzas negativas que impiden el desarrollo de nuestro yo, logrando que nuestra capacidad de pensamiento permanezca en la zona de confort. Para vencer los bloqueos, para superar los límites, hay que ejercer una fuerza determinada en cada una de las caras del cubo en el que nos ubicamos.

Dentro de las 10 fuerzas propias del gurú pensador, disponemos de seis centrales que conforman la inteligencia crítica y que nos permitirán salir del cubo, liberarnos de su servidumbre, de los marcos mentales normalizados y cerrados.

En el interior del sistema de las 10 fuerzas hay una fuerza para cada límite del cubo. Las seis fuerzas centrales del pensamiento crítico que integran la inteligencia crítica son: 1) dudar; 2) criticar; 3) hablar; 4) razonar, 5) comprender y 6) sentir. Superar los límites es pensar críticamente lo que nos permite alcanzar un primer estadio del pensamiento crítico metódico. Pero los límites no son nítidos; son umbrales, zonas de paso que se desdibujan progresivamente. Sin embargo, a partir de cierto momento sabemos que ya hemos salido del cubo, que hemos superado el límite. Con idea de ser pedagógico, he dibujado el cubo en dos dimensiones para recordarte las seis fuerzas positivas del pensamiento crítico que hay que utilizar para vencer las fuerzas contrarias.

Las fuerzas centrales de las 10 fuerzas del pensamiento crítico transformador llamadas *inteligencia crítica* son la combinación más eficaz para salir del cubo por su doble estrategia: por una parte, tenemos las fuerzas que se enfocan en lo intrapersonal, que representan la inteligencia cognitiva; por otra, están las que se enfocan en lo interpersonal y representan a parte de la inteligencia emocional.

Aquí tienes el gráfico de un cubo para montar con las fuerzas de la inteligencia crítica para que juegues y te entrenes con el dado para trabajar cada una según vayan saliendo después de completar el método en el orden propuesto.

Gráfico 3.1. Desarrollo del cubo de las seis fuerzas (inteligencia crítica)

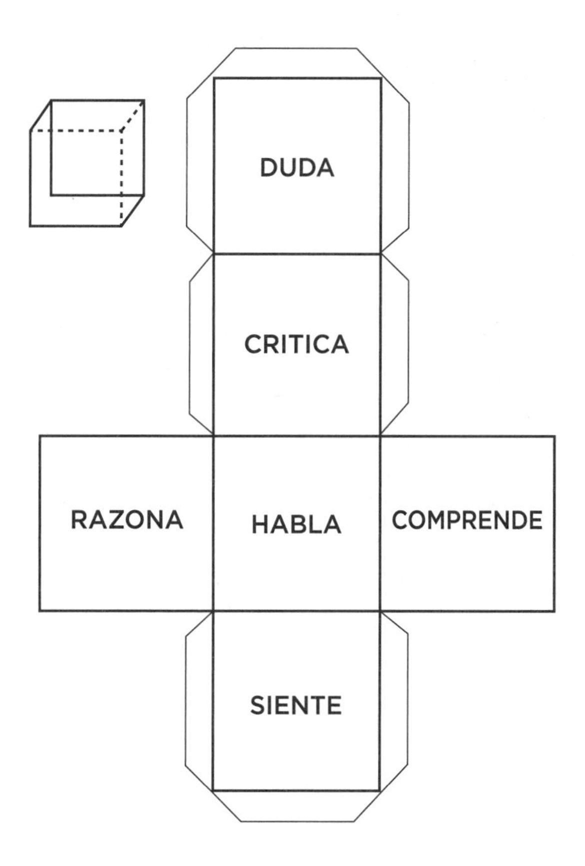

7. Excedente de conciencia y transformación personal

Rudolph Bahro, un clarividente disidente de la antigua Alemania Democrática, propuso el interesante concepto de «excedente de conciencia», entendido como la cantidad creciente de energía social libre no sujeta ya al trabajo necesario y al saber jerárquico. Este concepto se puede aplicar a nivel individual en el pensamiento. Para liberarnos del pensamiento normalizado, para emanciparnos del cubo en el que estamos encajonados, necesitamos un tiempo extra y de calidad, es decir, lleno de entusiasmo y energía para poder pensar con libertad y profundidad. Se trata de la relajación de la que hablamos con Buda y Stanislavski, que nos aísla del flujo vital. Si en nuestra vida solo hay tiempo para trabajar y mantenernos a flote, será muy difícil pensar. Hay que sacrificar tiempo de nuestras actividades habituales si queremos desarrollar el pensamiento. No solo para aprender, sino también y sobre todo para practicar. Las caras del cubo son los límites que presionan para mantenernos en la servil zona de confort y precisamos coger carrerilla para romperlas con nuestras habilidades desarrolladas y superar los paradigmas a los que nos somete la normalización social. El pensamiento crítico es la adaptación inteligente, la reducción racional de la incertidumbre; en definitiva, la supervivencia en la jungla.

Hay que parar el flujo vital para poder pensar. Continuamente somos bombardeados por todo tipo de informaciones y percepciones, somos interpelados por diversas personas, tenemos tantas listas de tareas que necesitamos hacer un esfuerzo para dominar. No se puede pensar sin detenerse. Si hacemos las cosas pensando primero, saldrán mejor. Pensar es salir del flujo vital de la conciencia y tomar una perspectiva externa a los problemas. Muchos directivos planean en sus agendas el *downtime,* el tiempo muerto que pide el entrenador en un partido de básquet para reorientar la táctica del partido. El tiempo para pensar ahora reduce el tiempo de errores futuros.

«NO HAY TRANSFORMACIÓN POSIBLE DE NUESTRA VIDA SIN UN EXCEDENTE DE CONCIENCIA QUE NOS PERMITA CONSTRUIR UN MARCO DE PENSAMIENTO NUEVO EN EL QUE MOVERNOS».

No hay transformación posible de nuestra vida sin un excedente de conciencia que nos permita construir un marco de pensamiento nuevo en el que movernos. El excedente de conciencia nos posibilita tomar conciencia de nuestras limitaciones representadas por las caras del cubo, un espacio delimitado y agotado, incapaz ya de dar soluciones a nuevos retos. Superar los límites del pensamiento normalizado solamente puede hacerse mediante las seis fuerzas del pensamiento crítico. No se pueden vencer las resistencias al cambio sin ese excedente de conciencia que permita ejercer fuerzas del pensamiento crítico transformador.

4

PENSAR ES CONSTRUIR Y DECONSTRUIR DISCURSOS

1. La pipa de Magritte. ¿Es la realidad un engaño?

El pintor belga René Magritte realizó entre 1928 y 1929 una serie de cuadros llamados *La traición de las imágenes*. Entre ellos quizás el más famoso es el que se titula *Esto no es una pipa,* donde aparece una pipa pintada y debajo el texto «Esto no es una pipa», igual que el título de la obra. El texto nos hace pensar. Nos pone en contradicción con la imagen de la pipa que estamos viendo. Lo cierto es que no estamos viendo una pipa, sino la imagen de una pipa. El pintor podría haber puesto el rótulo «pipa» debajo de la pipa pintada y nos hubiera parecido muy normal, pero lo que quiere expresar es que la realidad no es un museo donde cada objeto tiene un rótulo con su palabra. La pipa dibujada no es la referencia a una pipa real, sino una pipa que acaba en sí misma. Se trata de una mención de una pipa dibujada. Si hubiera pintado un cono nos hubiera quedado muy claro que el cono «no es una pipa», pero Magritte nos recuerda, al igual que nos enseña la lingüística contemporánea, que el lenguaje es un sistema arbitrario e independiente de la realidad. El lenguaje ha evolucionado enormemente desde nuestros ancestros y la correspondencia entre las palabras y los objetos reales solo existe en nuestra mente. Por *lenguaje* —no confundir con *idioma*— se entiende el sistema de comunicación humano que es la expresión del pensamiento y del conocimiento. La aparente contradicción del cuadro no nos dice que la realidad sea un engaño porque el lenguaje es algo muy real, muy verdadero, pero quizás la realidad no es lo que pensamos que es. No es un conjunto de objetos, sino una interacción lingüística.

Este ejemplo nos enseña las dos contribuciones más importantes de la filosofía del siglo XX: la realidad es indistinguible del lenguaje y la realidad no está formada por cosas, sino por relaciones. Juntando ambas contribuciones tenemos que la realidad es una estructura de significado lingüístico.

2. ¿Ha dicho *gavagai*? o la indeterminación de la traducción

Desde Ferdinand de Saussure y su *Curso de lingüística general,* sabemos que la comunicación humana está basada en signos. Un signo es una cosa que ocupa el lugar de otra. Cuando vemos el humo sabemos que hay fuego. Saussure dice que el signo está formado por el significante, que sería la palabra (oral o escrita), y el significado, que es la imagen mental que la representa. Ojo, no hablamos del objeto real, sino de su almacenamiento mental en un estante de esa librería que es la estructura de significados. Nuestro cerebro sustituye el significante por el significado. Si vemos un objeto totalmente desconocido para nosotros, como las enigmáticas esferas de Klerksdorp, nuestro cerebro lo buscará en la estantería donde están los objetos similares y dirá que parecen «bolas de una bolera», mientras que otros dirán que «son objetos extraterrestres». Ambas interpretaciones dependen más de lo que tenemos en la cabeza que de lo que hay fuera.

Uno de los primeros filósofos del lenguaje que nos llamó la atención sobre que algo falla en Matrix fue Quine, quien postuló la teoría de la indeterminación de la traducción, que es una manera de decir que esta es una acción imposible en términos absolutos. Ponía el ejemplo de que, si un antropólogo estuviera estudiando a una de las últimas tribus que no han tenido contacto con nuestra sociedad y al pasar un conejo pronunciara la palabra *gavagai,* el científico no podría saber si tal palabra podría traducirse por «conejo», «conejidad», «animal rápido» o simplemente «eres tonto, tío». Los significados son una estructura conceptual independiente de lo que hay más allá de los sentidos; son un sistema de relaciones que empieza por oposiciones simples: bueno-malo, caro-barato, arriba-abajo. Nuestra mente consigue traducir lo absolutamente diferente y extraño por aproximaciones sucesivas estableciendo hipótesis de correspondencias: esta palabra con esta. Buscar esas correspondencias biunívocas es lo que llamamos *isomorfismo,* formas idénticas. Gracias a nuestra actitud reflexiva, siempre suponemos como punto de partida que lo que tenemos delante es igual a lo nuestro, como si se tratara de un espejo, gracias a nuestras neuronas espejo; a partir de ahí, empezamos a ver las diferencias.

3. Los colores y su imposible traducción

La actitud reflexiva divide la realidad en dos: en un sujeto que conoce y en un objeto o mundo o realidad fuente de conocimiento. La versión ingenua de este dualismo considera que la realidad se conoce por los sentidos, pero esto no es del todo cierto; lo que conforma el conocimiento que tenemos de la realidad es el lenguaje.

Adquirimos el lenguaje cuando nacemos, evoluciona con la sociedad y es un esfuerzo colectivo de la sociedad humana. El lenguaje siempre está en nuestra mente; es lo que los científicos del lenguaje llaman *competencia lingüística* y conforma y clasifica todo lo que adquirimos por los sentidos. Se trata de la interacción humana que determina cómo entendemos la realidad. Todo lo que percibimos está mediado por el lenguaje; no tenemos un acceso directo a la realidad objetiva y pura, separada de nosotros, que Kant llamaba *noúmeno*. La realidad, el llamado *mundo exterior,* está categorizada y definida por el lenguaje. Incluso podríamos afirmar que lo construye, pero esto debe matizarse para no caer en errores de bulto. Y como hemos dicho, el lenguaje no es algo individual, sino un complejo mecanismo social, por lo que conforma la realidad y el mismo pensamiento. Las investigaciones semánticas sobre el significado del lenguaje han demostrado cómo algo tan sensorial y aparentemente puro e inmediato como los colores son una construcción social compleja. Los significados han ido desarrollándose culturalmente por la interacción de grupos étnicos diferentes.

Tomemos el ejemplo de algo banal, como una hoja verde. ¿Quién podría discutir que la vegetación como norma general no es verde? Los daltónicos, sin duda. Pero no todos son iguales. Los que sufren de protanopía o deuteranopía no pueden percibir lo verde y lo ven con tonos amarillentos. Algo tan propio de la realidad como son los colores, resulta que no es algo universal como esperamos. Es una convención arbitraria.

En todos los idiomas se describen los colores. Actualmente hay un consenso mundial sobre esto, y traducir de un idioma a otro resulta relativamente fácil. Sin embargo, históricamente esto nunca fue así, e incluso existen excepciones culturales. Según el lingüista Daniel Everett, hay tribus del Amazonas que no tienen palabras para designar colores, con lo que tienen que identificar un objeto representativo: «esto es como la sangre». Los colores son una convención. Las diversas culturas que se han estado relacionando en la historia y en la geografía han llegado a unos mínimos consensos de traducibilidad para entenderse.

El lenguaje no influye en cómo vemos los colores, sino en cómo los discriminamos. El ejemplo clásico es el del «celeste». En algunos idiomas, como el ruso, el griego y el turco, el «azul celeste» es una categoría de color diferente a la del «azul oscuro». Otras lenguas conservan varios términos para los tonos oscuros y claros del azul: el ruso tiene *siniy* y *goluboy;* el italiano, *azzurro* y *blú,* y el griego, *ble* y *ghalazio*. En fin, la antropología cultural está llena de ejemplos de discordancias respecto a lo que actualmente casi de manera universal entendemos como *colores*. En 1943 Louis Hjelmslev en su obra capital *Prolegómenos a una teoría del lenguaje,* se convirtió en uno de los primeros científicos sociales en resaltar la falta de correspondencia de la realidad entre un idioma y otro en el caso específico y paradigmático de los colores. Precisamente él constató que el color *glas* del desaparecido idioma galés puede corresponder en inglés a *green, blue* e incluso a *grey.*

Más tarde, en 1969, Brent Berlin y Paul Kay hicieron un célebre estudio sobre la terminología de los colores llamado *Basic Color Terms: Their Universality and Evolution,* en el que propusieron que las diferencias de colores pueden ser organizadas en una jerarquía coherente y hay un número limitado de colores universales, que culturas individuales han empleado en un orden relativamente fijo. Berlin y Kay basaron su análisis en una comparación de palabras referentes al color en veinte lenguas de todo el mundo. Según el grado de desarrollo de una cultura, la segmentación de colores sería más sofisticada.

4. La realidad es una estructura semántica

Podemos concluir con esta sorprendente inadecuación de las referencias de color en diversas lenguas en épocas y lugares diferentes que los colores son una estructura semántica. Son como un minisistema, pues funcionan en conjunto; no existen colores aislados. La estructura más simple es de dos: el claro y el oscuro, nunca de uno. Y lo habitual es que sea de tres a ocho, según la evolución cultural de una sociedad, que es siempre una comunidad lingüística. Esto quiere decir que el color no es una unidad, sino una parte de un todo, una casilla que forma parte de una estructura. Si los colores fueran una realidad objetiva, en todas las lenguas habría los mismos.

El color rojo no se define por identidad biunívoca con algo que existe en la realidad (de hecho, los colores blanco y el negro no existen realmente, sino que son el efecto de la suma de colores o de la ausencia de luz; son acromáticos), sino por oposición. Los colores son un pequeño sistema de diferencias semánticas que funcionan en nuestro lenguaje. El color rojo se podría definir como «no verde-no azul» en el modelo RGB (*Red Green Blue;* rojo, verde y azul) de colores básicos, mientras que los colores compuestos requerirían alguna operación sobre los básicos, como el naranja, que es la suma de amarillo y rojo. Se trata de operaciones simples de teoría de conjuntos, que también son descriptibles con la potente teoría de los grafos, que se utiliza además para describir las redes semánticas. Pero siempre, como hemos visto, la primera diferencia semántica es una oposición terminológica, como blanco frente a negro.

Lo que ha posibilitado la evolución hacia sistemas de colores traducibles ha sido la interacción entre comunidades lingüísticas. Volviendo al ejemplo del *gavagai:* si dedicamos tiempo a recopilar todos los contextos posibles —lo que hoy llamaríamos *casos de uso*—, nos sería posible reconocer mediante aproximaciones sucesivas la estructura semántica subyacente y compararla con la nuestra para así poder traducirla.

«LA REALIDAD ES EL PRODUCTO DEL LENGUAJE, NO AL REVÉS».

Buscar isomorfías en el lenguaje es el mismo mecanismo de la empatía por el que, debido a las llamadas *neuronas espejo,* somos capaces de sentir lo mismo que otros y ponernos en su mente. Incluso somos capaces de jugar con otros imitándolos, como hacen los niños, para aprender el lenguaje mediante su uso. Aprendemos el uso mediante la imitación y el esquema mental del isomorfismo, de la correspondencia biunívoca entre nuestro idioma y el desconocido. Así, con la prueba y el error, se va construyendo una estructura de significados que, aunque sea simple y de pocos elementos, se hace compleja al detectar esas incongruencias, que suceden cuando se descubre que la estructura no se corresponde uno a uno en cada uno de sus elementos. Esa nueva estructura es la que permite traducir los términos.

La realidad es el producto del lenguaje, no al revés. El lenguaje determina el pensamiento.

5. Los hechos, las acciones y las cosas están en el lenguaje

Existe una gente muy curiosa que últimamente está incrementando su popularidad: son los llamados *terraplanistas*. La Flat Earth

Society, nacida en 1952, ha sobrevivido a la llegada del hombre a la Luna, a la tecnología GPS y a otras incontestables pruebas de la esfericidad del planeta Tierra. Por lo visto, el auge de las redes sociales y la tendencia a la suspensión del juicio en nuestra sociedad provocan que lo falso pueda, si no tener apariencia de verdad, al menos llegar a sembrar la duda. El debate surgió en la Grecia clásica, pero cada vez más autores fueron defendiendo la esfericidad hasta que Aristóteles aportó pruebas basadas en la astronomía. Y continúa desde entonces.

Pero lo más curioso no es defender una idea incompatible con todas las leyes de la física conocidas y con innumerables pruebas de cualquier tipo, sino extenderla hasta el absurdo intentando resolver contraargumentos *ad hoc*. Especialmente hilarantes son la necesidad de inventar unas montañas heladas en los límites del círculo terráqueo para evitar que el agua se desborde y la construcción de una bóveda para sustentar unas lámparas, que son las estrellas y la Luna. No sabemos de qué materiales estaría hecha la bóveda ni quién la habría hecho.

La mayoría de personas piensan que los hechos son incontrovertibles, y eso sería verdad en un mundo ideal en el que los humanos tuvieran un acceso completo y directo a la realidad. Pero, como hemos visto, esta es un constructo lingüístico intersubjetivo que tomamos como referencia común para la acción humana. Nuestro acceso a la realidad es incompleto y está mediado lingüísticamente. Dicho de otra manera: los hechos atómicos son incontrovertibles; por ejemplo, «el presidente Kennedy fue asesinado». Sin embargo, la concatenación de dos hechos atómicos ya es susceptible de diversas interpretaciones porque se enlazan en una explicación lingüística. Las explicaciones son narraciones que implican una secuencia argumentativa. Lo anterior se toma como causa de lo posterior, pero el orden de los hechos se puede cambiar o relacionar con otros; por ejemplo, «Oswald mató a Kennedy» son dos hechos y una asignación de causalidad, por lo que admite interpretaciones tanto si es cierta como si no. La ciencia tiene reglas más estrictas en la explicación de hechos porque utiliza un lenguaje artificial, pero las personas usamos el lenguaje natural, que es mucho más ambiguo. Precisamente la potencia del propio lenguaje, capaz de mentir, y la ausencia generalizada de crítica de los humanos, producen discursos falsos. Las personas necesitan creer en cosas, aunque sean falsas, y son capaces de matarse por ellas, incluso más que por su supervivencia económica. Las *fake news,* los conspiracionistas y los terraplanistas se aprovechan de este mecanismo.

6. Todo lo que tenemos son textos

Cuando el filósofo George Berkeley llegó a negar la realidad, el literato Samuel Johnson le propinó una patada a una roca exclamando: «¡Así lo refuto!». Pensar que el impacto de una piedra anula el lenguaje es el error ingenuo más común de ese efecto de realidad objetiva, también llamado por los filósofos *metafísica de la presencia.* Esa pureza empírica del golpe de la piedra, de una mente percibiéndolo, también es una construcción lingüística. No es que la realidad no exista; simplemente ni importa ni lo podemos demostrar porque tenemos un acceso indirecto e incompleto a ella. De alguna manera, eso era lo que sostenía Tomás de Aquino cuando afirmó «ver para creer».

En el momento en el que un hecho atómico, como la muerte de alguien, lo relacionamos con otro hecho, como el arma del crimen, estamos interpretando, relacionando conceptos, es decir, creando un discurso. Este, desde el punto de vista lingüístico, puede definirse como una ideología en el sentido más neutro posible, un conjunto de ideas establecidas y asumidas por un grupo social que determinan su acción práctica. De alguna manera, un discurso es un texto, es decir, un conjunto de enunciados, de frases, que comunican un mensaje. Esos textos se encuentran en la mente de las personas. En su origen pueden provenir de los que se han difundido por instituciones o medios sociales o de comunicación o directamente entre los miembros de un grupo social. Las ideologías políticas, las religiones, los metarrelatos sociales, son los discursos más conocidos. También son discursos nuestras posturas frente a los temas cruciales de la vida, los argumentarios de venta de las empresas, los discursos políticos, lo que nuestra madre nos dice y muchas cosas más que no lo parecen. Los discursos están en todas partes; nosotros mismos formamos parte de ellos. Las preguntas son discursos y las respuestas también.

El concepto de discurso que empleamos procede de una disciplina en lingüística llamada *análisis del discurso.* Algunos filósofos, como Foucault, han dedicado muchos esfuerzos a su desarrollo. La realidad que hemos definido como lenguaje está estructurada en discursos. Cuando pensamos lo hacemos desde discursos previos que hemos adoptado consciente o inconscientemente. Nunca empezamos desde la nada o en el vacío total. Por tanto, lo primero, pensar es desmontar o deconstruir los discursos sobre los que nos encontramos. Sin esa práctica, no vamos a ningún sitio. Es como si se tratara de un juego de piezas de Lego: tenemos una construcción pero, para hacer algo nuevo, debemos deconstruir concienzudamente esa obra previa para entender su funcionamiento en profundidad, o incluso destruirla (siempre habrá piezas aprovechables) para volver a construir o reconstruir una nueva edificación con la piezas antiguas y también añadiendo otras nuevas o provenientes de otras estructuras diferentes. Al final, la función del pensamiento crítico es construir y deconstruir discursos.

Los discursos, a su vez, están formados por enunciados. Al final los juicios y las ideas pueden asimilarse a los enunciados. Solamente podemos entender y analizar cualquier forma mental en tanto que texto. Es más correcto hablar con lenguaje científico que con conceptos que provienen del pasado y que no tienen concreción posible, como una idea.

«LA REALIDAD ES UN CONSENSO LINGÜÍSTICO INTERSUBJETIVO».

No se puede construir un discurso nuevo, y más si es novedoso y original y sobre todo si pretende trascender las limitaciones o los defectos de los anteriores, sin deconstruir discursos. El movimiento de la deconstrucción inaugurado por Jacques Derrida y que de la filosofía se extendió a las artes, como la arquitectura o la pintura, nos enseña que pensar es escribir y describir discursos. La realidad misma es una maraña de discursos entretejidos, una estructura de significado creada por la interacción humana, un consenso lingüístico intersubjetivo. En definitiva, estamos construyendo la realidad, que es hipotética, revisable y siempre cambiante.

Los discursos y las organizaciones sociales son fenómenos estrechamente relacionados. Esto ocurre para todo tipo de ideas y creencias, así como para cosas cotidianas. Crear una empresa o un producto es crear un discurso, un marco de pensamiento, una relación conceptual nueva, un uso lingüístico diferente que se reflejará en un tipo nuevo de interrelación social. Al realizar un discurso construimos una narración con conceptos, pero antes de eso hemos de deconstruir lo que existe (la estructura semántica) para entenderlo y poderlo reconstruir, no sin cierta dosis de experimentación combinatoria y aleatoriedad, para crear algo nuevo. Esto nos lleva a afirmar que:

- Lo que no puede explicarse no se puede producir.
- Lo que no puede entenderse no se puede consumir.

La tarea principal del pensamiento es construir y deconstruir discursos. El pensamiento se edifica sobre unos fundamentos, pero esta base no es sólida como la roca, sino líquida, permanentemente revisable. Los fundamentos no son objetivos. La dinámica de los discursos está viva. Los discursos dependen de los valores de cada uno, del grupo humano al que pertenecemos, de la propia perspectiva y de nuestros objetivos. Y la acción está determinada por el pensamiento, sea consciente o inconsciente. Cuando proponemos un producto, cambiamos la relación mental entre conceptos clave, modificamos la llamada *competencia lingüística de los consumidores.*

Existe mi realidad, nuestra realidad, pero no la realidad. Fuera de la conciencia, de nuestra subjetividad, solo existe la danza de los *quarks*. En las antiguas televisiones de radios catódicos, si se encendían y no había ningún canal sintonizado, se veía una especie de nieve, como pequeñas manchas blancas y negras moviéndose aleatoriamente. El 1 % de ese caos de luces lo producía la radiación de fondo de microondas, es decir, por restos del *big bang*. Quizás no existe mejor ejemplo de qué es la realidad sin un cerebro que interactúe con ella, sin nuestra mente que da a todo un significado.

SEGUNDA PARTE

LAS 10 FUERZAS DEL PENSAMIENTO CRÍTICO TRANSFORMADOR

5

FUERZA 1: REFLEXIONAR. REFLEXIONA Y SUPERA LA SUPERFICIALIDAD

1. La estación de Bresson. ¿Por qué la autorreflexión se asemeja a un salto en el vacío?

Existe una foto espectacular de Henri Cartier Bresson tomada en 1932 titulada *Place de l'Europe. Gare Saint Lazare,* donde se ve a un hombre suspendido sobre un suelo completamente mojado. Su figura oscura como una sombra se refleja en el agua y se ve desdibujada porque está en movimiento. Cartier Bresson estaba obsesionado con captar lo que él llamaba *el instante decisivo.* Utilizando una cámara de fotos Laica portable, mientras que en aquellos tiempos el trípode era ley, se dedicaba a buscar momentos significativos y espontáneos, como en *El beso,* su obra más conocida. En la Gare Saint Lazare encontramos una imagen fantasmal de grandes contrastes en blanco y negro y una composición de plano compleja. Lo que nos interesa resaltar es que la reflexión del hombre en el suelo mojado da una perspectiva completamente diferente a la que tendríamos si no hubiera reflejo. El hombre es una copia de sí mismo en un abismo sin fondo que es en realidad el cielo reflejado. El otro yo está suspendido en lo que parece un salto, dejando una escalera detrás en el reflejo del cielo. La imagen transmite una gran incertidumbre, un salto al vacío, pero la determinación de ir adelante. Esta me parece una excelente imagen del pensamiento. La reflexión nos permite ser conscientes de nuestro camino, de nuestra evolución, y reducir la incertidumbre que nos rodea. Se necesita valentía para pensar y ser consecuente. Parece un salto en el vacío, pero no lo es, sino tan solo un reflejo. No hay identidad sin reflexión, como tampoco autorreflexión sin diferencia, para ir contracorriente en el río de las opiniones. Sin reflexión el ser humano es incapaz de saltar a un nivel superior.

2. La reflexión interior

Hay un pensamiento innato y espontáneo que todos los seres humanos utilizamos, pero desarrollar el pensamiento crítico, como pensamiento con método, requiere una actitud reflexiva y una voluntad de actuar.

«SI NO TIENES LA ACTITUD DE PENSAR, SOLO TE DEJAS LLEVAR POR LO QUE HAN PENSADO OTROS».

Todo el mundo piensa pero, más allá de esta obviedad, podemos afirmar que el pensamiento tiene una doble función: es una actitud individual y también una capacidad de la inteligencia humana. Como el dicho «el movimiento se demuestra andando», el pensamiento se practica pensando. Todo empieza por un primer paso, por la voluntad de pensar. Sin la actitud de pensar antes de actuar, la capacidad de pensar no sirve; ni siquiera se pone en funcionamiento. Hay que diseñar antes de fabricar, idear antes de hacer, probar antes de ofrecer o dudar antes de asumir. La actitud de pensar activa el pensamiento. El pensamiento es un acto de voluntad racional, una voluntad de poder en el sentido de querer hacer algo, de pasar de la potencia al acto, de hacer cosas. Si no haces nada, no piensas. Si no tienes la actitud de pensar, solo te dejas llevar por lo que han pensado otros. Y todo empieza por una pregunta.

Pensar exige un desdoblamiento de nosotros mismos. Es como si tuviéramos dos cerebros: uno que controla al otro, uno que actúa y otro que analiza lo que el otro hace, en tiempo real, mientras actuamos. El desdoblamiento es precisamente lo que crea la conciencia o, mejor dicho, la *autoconciencia*. Esta palabra deriva del griego *autos,* que quiere decir «por sí», como el automóvil, que se mueve por sí mismo. *Autoconciencia* significa que uno es consciente por sí mismo, no «en sí» mismo, como podría ser un animal. Este lo es porque se comunica con otros animales, pero no es autoconsciente porque su mente no se mira a sí misma. Sabe que existe y siente la pérdida de sus congéneres, pero no se analiza, no se proyecta en el tiempo ni en el espacio con su imaginación; permanece preso de su unicidad mental. El instinto no requiere autoconciencia. No puede preguntarse ¿por qué?

El desdoblamiento de la mente humana es lo que llamamos *reflexión.* Y la palabra *reflexión* procede de la metáfora visual del espejo. La reflexión en óptica ocurre cuando los rayos de luz que inciden en una superficie chocan en ella y regresan a la dirección de donde provienen. La etimología de la palabra deriva del latín: literalmente sería «doblar hacia atrás». La reflexión de la mente es como la reflexión de nosotros mismos ante un espejo. Pensar es en primer lugar reflexionar.

Cuando nos vemos ante un espejo nuestra mente se sorprende porque nos vemos al contrario de lo que esperamos. En realidad el espejo refleja fielmente nuestra imagen, pero nosotros esperamos vernos como vemos a otras personas delante de nosotros. Si llevo el reloj en la mano izquierda, espero verlo invertido en la derecha y no reflejado en la misma izquierda. Este efecto nos ayuda a ganar perspectiva y a ver las diferencias de manera más rápida y evidente. El espejo nos permite tener autoconciencia al reconocernos a nosotros mismos y también compararnos con nosotros mismos con facilidad.

Pensar es mirar. Es algo más que una metáfora recurrente. Pensar consiste en observarse, en ver donde otros no ven, en mirar alrededor y mirar al horizonte. Existen muchos lugares comunes donde la razón es como la luz que ve en la oscuridad; lo hemos visto en el ejemplo de los gurús. Así es la inteligencia que ve lo que otros no ven. Y el motor de la inteligencia es el pensamiento.

Este fenómeno del desdoblamiento lo podemos entender aparte del ejemplo del espejo, con otro, como el de la conducción de un coche: mientras conducimos, en ocasiones utilizamos un espejo retrovisor para mirar atrás, para contextualizar la información, pero normalmente miramos hacia adelante, hacia el horizonte, para anticiparnos a lo que pueda pasar. Tenemos la mente que actúa y que conduce en tiempo real, ayudada por la mirada en todas direcciones, incluso por los instrumentos del coche, para asegurarnos de que la conducción es correcta. Se trata de la autoconducción. Pero también pensamos cuando planificamos el viaje y, a veces, *a posteriori* entendemos cómo podríamos mejorarlo.

La reflexión es el monólogo interior, el diálogo con uno mismo, el soliloquio; esa conversación desdoblada donde uno mismo simula ser otro sí mismo para uno mismo para hablar consigo mismo. Es el diálogo en sí y para sí; una conversación introspectiva entre nuestros dos yoes interiores que es el pensamiento mismo.

Puede sorprender cómo un acto tan simple puede esconder una complejidad tan articulada, pero esto ocurre con naturalidad porque somos seres reflexivos. Lo llevamos de serie.

3. La introspección insidiosa

Hay que empezar a pensar mediante la introspección. Si únicamente nos volcamos hacia afuera y no sabemos quiénes somos ni lo que queremos, iremos dando tumbos por la vida como una peonza según decidan otros. Resulta imprescindible dedicarnos un tiempo a nosotros, a mirarnos en el espejo interior y conocernos a nosotros mismos. Es el mantra socrático «Conócete a ti mismo». Ese es el punto de partida. Y lo conseguiremos haciéndonos preguntas, especialmente del tipo ¿y si? (en un lenguaje de programación sería *if then else,* una sentencia condicional). Una manera de conocernos en vez de preguntar ¿por qué? es preguntarnos a nosotros mismos desde otra perspectiva: ¿y si fuera mujer?, ¿y si fuera mi jefe? Estas preguntas funcionan como test, como experimentos. Nos ponen en situaciones excepcionales, y la respuesta que nos demos sobre cómo nos comportaríamos nos ayudará a entendernos mucho mejor. Si enseguida nos preguntamos ¿por qué soy introvertido?, ¿por qué la gente dice que soy egoísta?, será más difícil comprender cómo somos. Es mucho más útil preguntarse: ¿y si fuera simpático?, ¿y si fuera altruista?, ¿qué pasaría?, ¿qué conseguiría? No solo entenderemos mejor quiénes somos visualizando situaciones nuevas, sino que estaremos mejor motivados para el cambio. Es como si nos disfrazáramos ante el espejo. Quizás nos veamos ridículos, pero podríamos descubrir una imagen inesperada que nos gusta más. Una introspección insidiosa resulta tremendamente útil.

La reflexión individual nos da la autoconciencia, pero no es suficiente. Descartes decía «Pienso, luego existo», como prueba definitiva de que la vida no es sueño, de que no vivimos en Matrix, en una simulación. Pero Descartes olvida la dimensión social. Somos una especie, un animal social. Nuestro éxito en la evolución respecto a otras especies no solamente se explica por nuestra inteligencia, sino por nuestra capacidad de cooperación en grupos, de transmitir y compartir el conocimiento. Tú eres el primer espejo para ti mismo, pero las personas que te rodean son el segundo. Si pienso, solo sé que soy, sé que soy algo para mí mismo. Pero si quiero existir, tengo que ser también para otros, y ellos me lo tienen que decir, me lo deben hacer saber.

La intuición es la capacidad con la que funciona la mente en su introspección dialogante a través de su diálogo interior, el llamado *monólogo.* Del latín *intuitio,* que quiere decir «ver», «mirar hacia el interior», es un concepto epistemológico de la filosofía que describe el proceso inconsciente por el que se llega a una conclusión verdadera o evidente sin un razonamiento explícito. Es a lo que algunos se refieren erróneamente como *instinto.* A veces la intuición consiste en una iluminación inmediata, del tipo ¡eureka!, ante un descubrimiento; otras no es sino un diálogo interior. La intuición interpreta el texto del conocimiento interior y comprende las situaciones. Entonces, o las soluciona o cambia la manera en la que reaccionamos al problema de no ser solucionable. De hecho, según la filosofía clásica no existiría un solo tipo de intuición, sino muchos, pero lo hemos resumido en lo posible.

Sin embargo, el monólogo no resulta suficiente para acertar en la acción práctica, en la interacción con el mundo, especialmente con otras personas. La intuición necesita gestión, confrontación y verificación. Únicamente con el monólogo no se llega muy lejos, y es fácil cometer errores, pero cuando todos los datos están sobre la mesa y sigue habiendo incertidumbre, la intuición es el único camino.

4. Hablo, luego existo

Nosotros preferimos decir «hablo, luego existo» o «dialogo, luego existo», más que la duda metódica, la duda dialógica. Si dialogo, es decir, me comunico con otros, sé que existo. Y lo sé porque los otros que me conocen me reconocen. Si no me reconocen otros, yo realmente no puedo saber si existo. Existiré para mí mismo, pero podría ser una simulación, un ser completamente aislado de la sociedad, como Tarzán, quien tiene autoconciencia pero no conciencia porque carece de conexión con la familia, con el grupo, con la comunidad, en definitiva, con la sociedad humana. Tarzán no puede saber si existe si otros seres humanos no le reconocen, si otros no son testimonio de su existencia. Necesita a Jane. La conciencia es conciencia social. Es en el reconocimiento donde se completa el círculo de nuestra reflexión, en el diálogo con otros. Los otros son el espejo exterior.

«SON LOS QUE NOS RECONOCEN, LOS QUE HABLAN DE NOSOTROS A OTROS QUE NO NOS CONOCEN, LA RAZÓN POR LA QUE CONSEGUIMOS EXISTIR EN UNA COMUNIDAD».

Son los que nos reconocen, los que hablan de nosotros a otros que no nos conocen, la razón por la que conseguimos existir en una comunidad. Porque existe una prueba fehaciente de nuestra existencia: el testimonio que otros tienen de nosotros. Si otros me reconocen, tanto da si es una simulación, porque los otros son realmente el mundo, lo que hay fuera de mí. Los conocimientos los adquiero sobre todo gracias a los demás. Si los otros no nos reconocen, nosotros no existimos. Sin el testimonio de otros, no existimos. Necesitamos ser autoconscientes, pero también, que otras personas autoconscientes nos reconozcan. Es lo que llamamos *doble proceso dual.* Solos seremos como un sueño; siempre nos engañaremos respecto a lo que somos y a lo que es la realidad. Precisamente antes hemos visto cómo nos despistan los espejos con esa lateralidad inesperada (la derecha es la izquierda). Eso ocurre porque estamos preparados para ver a los otros. De la misma manera, nuestro cerebro está diseñado para comunicarse con otras personas; por eso nos hablamos a nosotros mismos como si fuéramos otra persona.

Hay gente que se pregunta si existió Jesucristo. Lo sabemos principalmente por el testimonio de sus discípulos, los apóstoles, como se recoge en el Antiguo y en el Nuevo Testamento. La palabra *testamento* proviene del latín *testari,* que quiere decir «poner por testigo». En este ejemplo vemos cómo la existencia está directamente relacionada con el testimonio. El hecho de que este pueda ser más o menos fabulado no le quita existencia alguna.

5. El pensamiento no tiene objeto

El proceso reflexivo es un diálogo, un proceso dual, primero con nosotros mismos y, en segundo lugar, con los demás, otro proceso dual, que conforman dos partes esenciales de la misma dinámica vital que nos permite existir en el mundo. Solo sabemos de nuestro nacimiento y de nuestra futura muerte por los otros, por la alteridad. Nadie recuerda su propio nacimiento ni tiene experiencia previa de su propia muerte. Estos extremos los sabemos por el testimonio de otros. Somos un animal social y simbólico, como decía Cassirer.

Así es como la reflexión individual se convierte en colectiva. El pensamiento necesita siempre la alteridad para funcionar. Empieza con el desdoblamiento individual y luego con la comunicación social. La inteligencia colectiva está basada en esta capacidad social de pensar entre personas a través del diálogo y la confrontación. No nos damos cuenta, pero cuando dialogamos pensamos colectivamente. La producción lingüística no es individual, sino un proceso social porque formamos parte de una mente social común, compartida, lo que se llama *intersubjetividad,* que representa una interconexión entre pensamientos. Por eso las personas pensamos cosas iguales o parecidas a veces sin conocernos. Heredamos discursos que criticamos y elaboramos, pero no son enteramente nuestros.

Esta característica dialógica de la reflexión muestra cómo el pensamiento no tiene un objeto de conocimiento, como las ciencias. El pensamiento tiene solo sujeto o sujetos. Toda reflexión es una autorreflexión. Ya que no podemos salir de nosotros, es decir, no podemos evitar nuestro lenguaje, solamente pensamos sobre lo que somos, ya que somos un todo. Pensamos como sujetos en relación con nosotros mismos y con otros sujetos dentro de nuestra mente. El pensamiento no tiene objeto porque es una relación entre sujetos, es una relación de sentido, del lenguaje. El pensamiento ocurre en un grupo social, en una cultura; es pura intersubjetividad lingüística.

6. Primera fuerza: Reflexionar

La reflexión utiliza el método del autodiagnóstico individual, sigue el mantra socrático del «Conócete a ti mismo». Vivimos en un mundo rápido y liviano donde no se profundiza demasiado en nada. Nos olvidamos de nosotros mismos, de saber quiénes somos, y sin ello estamos volcados a actuar —nunca mejor dicho— «como pollos sin cabeza». Pensar requiere detenerse y empezar a analizarse a uno mismo, poniéndose a prueba, mejorando el conocimiento propio. Profundizar en uno mismo es rechazar esa presión social que nos dice «no necesito saber quién soy», «no sirve para nada», «no hay tiempo» y mil excusas más que conforman la superficialidad. Esta consiste en un discurso social nocivo porque nos excluye de la narración profunda de nuestra vida, hace que no seamos importantes ni siquiera para nosotros mismos, nos desvaloriza. Si no sabemos ni quiénes somos ni dónde estamos, es imposible que vayamos a algún sitio que sea bueno para nosotros. Ser profundo, grave, como los gurús, no es ningún esnobismo elitista de gente de la cultura, sino una necesidad imperiosa para nuestro crecimiento personal. Evitar la superficialidad tentadora consiste en entrar en un círculo virtuoso de mejora.

Lo primero que tenemos que hacer para iniciar nuestro viaje hacia el pensamiento crítico es saber dónde estamos. Autoconocerse, utilizar la introspección para saber de nosotros, es evitar la trampa de la superficialidad. Aquí el pensamiento crítico se solapa con las preguntas poderosas de la metodología del *coaching*. La habilidad que precisamos para contestarnos a esa pregunta radica en la meditación. El tipo de meditación que propongo no es nada esotérico o trascendental, sino una profilaxis necesaria; como vimos con el método Stanislavski, si no detenemos el flujo mental siempre activo en nuestro cerebro que encadena ideas sin cesar, recuerdos y percepciones, no podremos pensar. La meditación consiste en parar el tiempo y la parte racional del cerebro, que requeriremos más adelante, para saber dónde estamos y qué queremos con naturalidad y sin distorsiones. La meditación nos aleja del estrés, acompañada por ejercicios de respiración, donde la expiración siempre dobla en tiempo a la inspiración y nos permite enfocarnos en una pregunta cuya respuesta sea sincera. Hay que crear un vacío artificial en nuestra mente, enfocándonos en una sola imagen mental agradable durante algunos minutos, para rechazar cualquier preocupación que nos esté atenazando. Se trata de crear, como decía la corriente filosófica de la fenomenología, una *epojé*, es decir, una suspensión de la realidad que nos permita observar el mundo con una mirada hasta cierto punto inocente, como si fuera la primera vez, pero sin olvidar todo el bagaje cultural que poseemos. Necesitamos distanciarnos de nuestros hábitos.

También resulta muy importante dejar las emociones fuera de este contexto y desconfiar de ellas. En este caso, la meditación nos abrirá al pensamiento, pero no a cualquiera, sino a la parte *inicial iniciática* en la que debemos concluir provisionalmente quiénes somos ahora. El pensamiento crítico empieza cuando logramos distanciarnos del flujo vital, de la vorágine cotidiana, de la tiranía de reaccionar al instante; es hacer un alto en el camino, autoexaminarse y así ser capaz de ver hacia dónde podemos y queremos ir. En nuestra ruta del camino crítico precisamos saber dónde estamos, pero sobre todo en qué parada queremos empezar el trayecto y con qué equipaje.

Tabla 5.1. La fuerza de la reflexión

Fuerza	Reflexionar
Método de pensamiento	Autodiagnóstico individual
Habilidad	Meditar
Paradigma que hay que superar	Superficialidad
Inacción	No necesito saber quién soy
Acción	Conócete a ti mismo
Pregunta	¿Dónde estamos?

Gráfico 5.2. Algoritmo de la fuerza de la reflexión

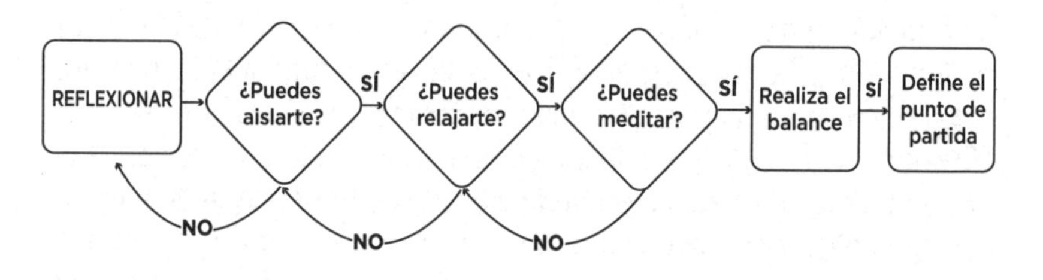

EJEMPLO

¿Quién no ha encontrado la solución a un problema yéndose a dormir o bajo la ducha? Nuestro cerebro para conectar datos residentes en diversas partes de la memoria necesita interrumpir los procesos de pensamiento habituales. ¿A cuántos científicos no se les ha ocurrido la idea que les faltaba para un descubrimiento observando algo que nada tenía que ver con su ámbito de estudio? Es el caso de la penicilina y Fleming, quien, fracasado un experimento por el moho, empezó a investigar y descubrió que mataba ciertas bacterias.

O el de Isaac Newton en 1666, quien concibió la ley de la gravitación universal cuando le cayó una manzana en la cabeza mientras descansaba bajo un árbol, se preguntó por qué descendía perpendicularmente hasta el suelo y concluyó que era la fuerza gravitatoria, la misma que mantenía a la Luna en órbita en torno a la Tierra. La reflexión nos llevará a sitios inexplorados solo si nuestras sinapsis son libres de conectarse sin restricciones.

EJERCICIOS

Para ejercer la fuerza de la reflexión con eficacia dentro del proceso de transformación y que la meditación funcione, tienes que identificar dónde estás y quién eres. Los siguientes ejercicios de autoconocimiento debes hacerlos por escrito. Te harán reflexionar y podrás responder a las preguntas que siguen:

1. **Identidad.** Explica lo que te identifica como persona. Haz una lista con cuatro principios, cuatro creencias y cuatro actitudes.
2. **Experiencia.** Explica lo que consideras que es tu experiencia vital y profesional. Haz una lista con cuatro temas de conocimiento que domines, cuatro habilidades y cuatro culturas o subculturas que conoces.
3. **Contactos.** Explica los contactos que posees. Haz una lista con cuatro familiares, cuatro amigos y cuatro grupos de contactos.
4. Prioriza todas las listas y escoge el elemento más importante para ti de cada una. Redacta un texto titulado Reflexión que resuma todo lo más brevemente posible.

PREGUNTAS

Responde a las siguientes preguntas de autoafirmación ayudándote con las listas que has hecho anteriormente. Aparte de las siguientes preguntas, siempre recomiendo hacer otras experimentales (¿y si?) y evitar las del tipo ¿por qué? acerca de uno mismo:

- ¿Quién eres?
- ¿Cuáles han sido tus logros?
- ¿Cuáles han sido tus cambios de identidad?
- ¿Qué eres y qué no quieres ser?
- ¿Cómo te gustaría ser?
- ¿Qué necesitas saber?
- ¿Qué necesitas saber hacer?
- ¿A quién necesitas conocer?
- ¿A dónde tienes que ir?
- ¿Cuándo quieres cambiar?

6

FUERZA 2: EMPRENDER. EMPRENDE Y SUPERA EL INMOVILISMO

1. Rembrandt retrata al emprendedor. ¿Es posible emprender sin libertad?

El cuadro *Retrato de Jan Six,* de Rembrandt Harmenszoon van Rijn, conocido simplemente como *Rembrandt,* pintado en 1654, es una de las mayores obras de la historia de la pintura. Six, además de amigo del célebre pintor, fue un emprendedor culto, un comerciante de origen francés que hizo fortuna en Holanda con el negocio textil y que llegó a impulsarlo gracias a las relaciones políticas; de hecho, llegó a ser alcalde de Ámsterdam. Su buen hacer en la gestión de la ciudad hizo que fuera un personaje muy apreciado. El polifacético Six también fue poeta y mecenas.

El retrato de Six es emblemático porque representa el entusiasmo del espíritu libre del Siglo de Oro holandés. Rembrandt lo pinta con un estilo desenfadado, con trazos inacabados que imprimen dinamismo al cuadro, rompiendo los cánones estéticos de la época. Si lo comparamos con otros cuadros del autor, como el *Retrato de Marten Looten* o el *Retrato de un hombre,* veremos una gran diferencia debido a que esas personas se encuentran en la penumbra, con seriedad y sobriedad, estatismo general y vestimenta negra. En cambio, en Six vemos cómo se acaba de poner el guante izquierdo y parece que va a salir en ese mismo instante. Rembrandt viste a Six de manera informal, resalta el rojo, en vez de los típicos trajes negros propios de aquellos tiempos. El sombrero permanece en la penumbra, con lo que resalta la figura del comerciante ajeno a toda floritura y al compromiso con el pasado. Six está pintado al estilo de Tiziano, con una mirada de reojo hacia los que observan el cuadro, como si acabara de darse cuenta de que estamos allí y nos mira interrogativamente de igual a igual, ya que el lienzo está hecho prácticamente a tamaño natural. O quizás es como si Six se hubiera visto de improviso reflejado en un espejo. El cuadro apuesta por un diálogo, no por una contemplación. Su mirada es como si nos preguntara si queremos hacer algo con él. Es un desafío. El genial artista mostró con sutileza en este retrato el talante liberal de unos tiempos emprendedores y de grandes transformaciones en todos los aspectos sociales. Nos dio a entender que la libertad se tiene si se ejerce, que el reflejo reflexivo que nos ofrece el retrato de Six resulta inseparable de su actitud emprendedora.

2. Unidad de pensamiento y acción

Existe una tendencia a separar ciertos fenómenos, como el pensamiento y la acción. Se dice que los que piensan no actúan y los que actúan no piensan. Pues bien, los únicos que no piensan son los bobos pero, para los demás, pensamiento y acción son dos caras de la misma moneda. Lo hemos explicado: pensar y luego actuar son más bien dos momentos lógicos, pero en la práctica muchas veces resultan indistinguibles. La acción humana es racional; es la manifestación práctica del pensamiento. Cuando decimos que una acción es irracional no queremos decir que no sea lógica, sino simplemente que no la entendemos o compartimos. Otra cosa es que resulte fruto del azar, pero entonces significa que la racionalidad se ha suspendido.

Pensamos para actuar, para emprender. Aquí utilizo el concepto de *emprender* muy en general, como sinónimo de hacer cosas, en lo que incluimos cualquier objetivo, el proyecto que sea (artístico, científico, empresarial, humanitario, político, deportivo, etc.). Es ejercer la voluntad de poder, entendida como las ganas de hacer algo importante, que deje huella, que sirva para algo o para alguien; se trata de una voluntad de poder como una actitud positiva, que representa el ejercicio de la libertad de la inteligencia humana.

Pensamiento y emprendimiento no solamente están íntimamente relacionados por esta dualidad razonar-actuar, sino que son dos tendencias sociales históricamente determinadas que van siempre juntas y resultan muy visibles en momentos de esplendor. Por ejemplo, con la polis ateniense en el siglo VII a. C., con el llamado *Siglo de Oro* en el siglo XVII holandés y, por supuesto, como ocurre actualmente en Silicon Valley.

Nos encontramos con muchos emprendedores pensadores, así como con dúos de emprendedores, lo que evidencia aún más lo comentado anteriormente sobre la reflexión colectiva. Muchos de estos emprendedores, como Steve Jobs, han desarrollado sus propios sistemas de pensamiento y lo han hecho frecuentemente mirando más al arte que a las disciplinas de la administración de empresa. Y a menudo los inicios han sido compartidos con otras personas.

A nivel individual emprender significa tomar las riendas del propio destino, ejercer la libertad, hacer cosas con sentido que nos gustan; es la valentía de liderar nuestra vida, la voluntad de poder para dejar huella en los demás.

3. Del oro al *bitcoin*

La relación del pensamiento y del emprendimiento en su forma moderna se remonta al siglo XVII, cuando la burguesía en su expansión internacional creó ecosistemas económicos donde se entrecruzaban arte, filosofía, ciencia, política y empresa. Hablamos de una auténtica revolución, desencadenada con entusiasmo contra la burocracia, el feudalismo y la monarquía absolutista. Estos cambios también se realizaron en demasiadas ocasiones de manera salvaje y con falta de ética, conquistando nuevas culturas y explotándolas, así como subyugando a la nueva clase trabajadora. Pero a pesar de los muchos desmanes, propios de una época determinada, también hay que resaltar todo lo positivo porque esa época tiene algunas semejanzas con nuestros *hubs* actuales de innovación.

El lugar más representativo de ese ecosistema económico radicó en los Países Bajos, que vivieron el llamado *Siglo de Oro neerlandés,* convirtiéndose en la primera potencia capitalista mundial hasta finales del siglo XVII. El Siglo de Oro empezó en 1602 con la fundación de la Compañía Neerlandesa de las Indias Orientales y del Banco de Ámsterdam en 1609 y concluyó con el comienzo de la Guerra franco-neerlandesa en 1672. Fueron tiempos de libertad en todos los ámbitos y de liberalismo económico, donde las ciudades tenían gran autonomía respecto al Gobierno. Existían dos bandos políticos: los republicanos y los orangistas. Mientras que los segundos eran conservadores, los primeros eran partidarios del comercio y de la paz porque esta lo hacía más fuerte, así como de la descentralización política y financiera. La capacidad financiera forma parte del éxito del capitalismo neerlandés. El Banco de Ámsterdam fue un banco abierto a depósitos de dinero y metales preciosos de todo el mundo y toda clase social. Allí fue donde se empezó a utilizar la reserva fraccionaria bancaria, respaldando simples trozos de papel impreso con un porcentaje mínimo de depósitos existentes. Ingentes sumas de dinero se prestaron a las empresas para promover la expansión del comercio a nivel internacional. Allí nació el capital financiero.

La Compañía de Indias, con todos sus claroscuros, mostró la capacidad de crecimiento multinacional del espíritu emprendedor holandés. Esta compañía de marina mercante necesitaba mapas, instrumentos de navegación, técnicas contables, etc. Por eso los Países Bajos abrieron sus fronteras a todos los que podían dar beneficios al comercio internacional, incluido el mundo de la cultura. Pensadores importantes como Spinoza, Descartes y Locke desarrollaron parte de su carrera allí por el ambiente de libertad tan necesario para la proliferación de ideas innovadoras. Spinoza fue el precursor de la teorización de la democracia y Rousseau y Locke de la separación de poderes que más tarde definió Montesquieu. En Holanda se generó la Ilustración como ideología de la burguesía, que se haría más popular en Francia basándose en el conocimiento y en la razón y no en la religión.

Universidades como la de Leiden acogieron a profesores de todas las tendencias incluso perseguidos en otros países. La proliferación de todo tipo de disciplinas en las aulas permitió un desarrollo científico sin precedentes, así como de la tecnología, con lo que se lograron nuevos productos, como el telescopio, el microscopio y el termómetro. También acogieron corrientes religiosas perseguidas, como las de los hugonotes, los jansenistas, los puritanos ingleses, etc. El libro era un instrumento de difusión de ideas nuevas y la proliferación de imprentas, superior a la de otros países. Incluso la prensa se desarrolló extraordinariamente, impulsando la información y el debate de la opinión pública. También el arte floreció en todas sus vertientes, destacando la pintura, con representantes como Johannes Vermeer o Rembrandt.

«EMPRENDIMIENTO Y PENSAMIENTO TIENEN QUE VER CON EL RIESGO, CON SALIR DE LA ZONA DE CONFORT, CON EXPLORAR NUEVOS MUNDOS, CON HACER COSAS NUEVAS».

Emprendimiento y pensamiento tienen que ver con el riesgo, con salir de la zona de confort, con explorar nuevos mundos, con hacer cosas nuevas. Y son imposibles sin la pasión y el entusiasmo de querer hacer un mundo mejor. Nada tiene que ver ese riesgo con la inconsciencia o la locura; arriesgar es para saber más, para conseguir mayor seguridad, no menos. Vivimos en un universo probabilístico y no podemos no arriesgar porque la amenaza a nuestra seguridad resulta constante. No es que si no arriesgas no ganas, sino que pierdes porque alguien te cambiará las reglas del juego.

Actualmente hemos tenido que redescubrir todo esto. EE. UU. imita la Holanda de entonces. La clave en ambos casos es la inversión de capital riesgo en proyectos innovadores. Emprendimiento y pensamiento están muy unidos, como en Silicon Valley. Si el oro fue importante para los comerciantes europeos que desarrollaron su actividad en la Holanda del Siglo de Oro, para los emprendedores internacionales en Silicon Valley hoy es el *bitcoin,* la criptomoneda basada en la tecnología *blockchain* que posibilita nuevas formas descentralizadas de intercambiar valor e invertir en proyectos.

4. Director general de filosofía

En el entorno actual, tan sumamente complejo, calificado como volátil, incierto, complejo y ambiguo (VUCA, por sus siglas en inglés), las profesiones del futuro no son tan solo las basadas en las llamadas materias CTIM (ciencia, tecnología, ingeniería y matemáticas) o STEM (*Science, Technology, Engineering* y *Math*), sino sorprendentemente la filosofía y el pensamiento en general. Bajo títulos tan diversos como *thinkers* (pensadores), *big picture thinkers* (pensadores a gran escala), *business thinkers* (pensadores de negocio), *visual thinkers* (pensadores visuales), *design thinkers* (pensadores diseñadores), *creative thinkers* (pensadores creativos), *product thinkers* (pensadores de producto), *digital philosophers* (pensadores digitales) o incluso *Chief Philosophy Officer* (director general de filosofía), encontramos nuevos roles decisivos para aportar alto valor a la empresa y se diría que son algo más que una moda, pues parece que todo el mundo quiere considerarse como pensador. En EE. UU. existe un movimiento que se preocupa por impulsar la enseñanza del pensamiento crítico desde párvulos hasta la universidad.

En Silicon Valley varias compañías están reclutando a filósofos a falta de la existencia de una disciplina consolidada de pensamiento. Quieren pensadores, emprendedores que piensen, empleados que razonen. Google empezó la tendencia contratando a Damon Horowitz como *In-House Philosopher* (filósofo interno). Otras empresas han preferido contratarlos como consultores, como Skype con Andrew Taggart, quien se autodenomina *filósofo práctico.*

Una de las razones por las que se está buscando este tipo de perfiles en empresas tan influyentes es la preocupación por los dilemas éticos provocados por las tecnologías disruptivas, como la inteligencia artificial. En cualquier caso, existe una necesidad casi renacentista de las compañías tecnológicas avanzadas por explorar la interdisciplinariedad y mirar al futuro con más ambición de lo que las ingenierías pueden conseguir.

El pensamiento existe en todas las disciplinas y actividades, pero no siempre se ejerce adecuadamente por falta de método y, en consecuencia, no se alcanzan los resultados esperados.

5. El pensamiento emprendedor

La mejor manera de aprender a pensar es pensando. Y la mejor manera de enseñar a pensar a alguien es haciéndole pensar; haciendo preguntas, las preguntas correctas.

Cuando iba a la escuela primaria tenía un libro de texto que se llamaba *La cadena de los porqués*. Y eso es precisamente el pensamiento, esa tarea infinita pero que tenemos que acotar que se pregunta el porqué del por qué insidiosamente y sin tregua, sin respeto alguno por la verdad temporal si con ello podemos aprender algo nuevo. Eso es pensamiento puro, más allá de la filosofía y que sirve para todo: la vida, la ciencia, la empresa, la política, etc.

Las preguntas exigen pensar para responder y, al mismo tiempo, son un modelo y una guía para el proceso de aprendizaje. Imitamos la manera de preguntar de otros, al tiempo que nos hacemos preguntas y las intentamos responder. Pero hacer preguntas o hacerse preguntas es cuestionarse. Las respuestas siempre desplazan nuestro yo a otro sitio. Nos cambian y esto hace cambiar la realidad. Para cambiar el mundo solo hay que cambiar a otras personas haciendo que se cuestionen a sí mismas.

La XI Tesis de Feuerbach definida por Marx dice que «hasta ahora los filósofos han interpretado el mundo y a partir de ahora se trata de transformarlo», y se ajusta perfectamente al pensamiento crítico emprendedor. Marx propone este giro copernicano como una llamada a la participación política para los intelectuales, pero este lema tiene la virtud de conectar teoría y práctica de una manera general como nadie lo había hecho antes. Marx invita a reaccionar a los filósofos ante el empuje transformador de la burguesía, para la que pensar y emprender eran inseparables, si bien en esto se equivocó al dejar en manos de una vanguardia elitista la transformación social en vez de en cada uno de los individuos.

El pensamiento crítico es para todos: cuanto más generalizado esté, menos problemas sociales tendremos. Eso no quiere decir que todos puedan y quieran pensar, pero potencialmente todo el mundo puede hacerlo más allá de su facultad espontánea. No hay destino constructivo en la sociedad con masas no pensantes. Se debe partir del individuo, del monólogo interior, de la reflexión, y luego pasar al diálogo con los demás para construir un pensamiento crítico emprendedor. Igual que la ética es una asunción personal que precede al comportamiento sin la cual toda política acaba en la corrupción o en el genocidio, aprender a pensar consiste en una tarea individual antes que colectiva. Pensar es cambiar, emprender, hacer cosas, más allá del conformismo y de la inercia. Del individuo al grupo y del grupo a la sociedad.

«ACCIÓN Y PENSAMIENTO SON LA MISMA COSA; SON DOS CARAS DE LA MISMA MONEDA».

Por tanto, el pensamiento crítico emprendedor se encuentra un paso antes de la filosofía práctica y de la praxis política. Sin el mapa que traza el pensamiento, toda acción es vacía, errática; solo cuando sabemos dónde estamos podemos decidir a dónde queremos ir. Acción y pensamiento son la misma cosa; son dos caras de la misma moneda, son una relación que se produce en un mismo campo.

6. Segunda fuerza: Emprender

Una vez que sabemos, aunque sea provisionalmente, quiénes somos y cuál es el lugar de inicio de nuestra ruta, podemos acceder al segundo nivel, que es el del emprendimiento. Ya hemos dicho que para nosotros emprender es un genérico «hacer cosas», construir proyectos para alcanzar las metas que nos hemos propuesto. El emprendimiento utiliza el método de la proyección personal, que no es filosófico pero la filosofía lo describe como una voluntad de poder, como una estrategia para conseguir un objetivo a través de acciones determinadas. Hemos de trascender el paradigma del inmovilismo que nos seduce para dejarnos arrastrar por el flujo de los acontecimientos mientras el tiempo pasa sin producir conclusiones y satisfacciones a nuestras vidas. Se nos dice que «no vale la pena hacer nada», que lo mejor consiste en no arriesgar ni meterse en líos. Se incentiva persistir en la zona de confort. En realidad, esta zona resulta un idealismo porque siempre estamos ante riesgos desconocidos y no por mucho tiempo que permanezcamos en ella dejamos de estar en riesgo; cada vez tenemos más, pero lo percibimos menos. Nuestra sensación de seguridad aumenta, pero la seguridad se alcanza moviéndose, con el cálculo del riesgo, adueñándonos de nuestro devenir en vez de estar a merced de fuerzas ocultas o desconocidas. En vez de regodearnos en nuestro charco de fango, lo mejor que podemos hacer es buscar nuestro objetivo y responder a la pregunta ¿a dónde vamos?

No tiene que ser el último objetivo vital ni donde queremos estar dentro de una hora, pero sí donde ponemos nuestra pasión para construir algo y alcanzar nuestro objetivo. Cuando encontremos ese objetivo, ese sueño aterrizado con pragmatismo, podemos trazar la ruta en el mapa. Sabemos dónde estamos y a dónde queremos llegar.

La habilidad necesaria para ejercer la fuerza del emprendimiento contra el inmovilismo es el manejo de la motivación. Para conseguirlo es necesario escoger muy bien qué deseamos hacer. Si es algo que de verdad nos importa e interesa, en vez de ser los líderes de nuestro propio proyecto acabaremos siendo su apóstol, nos convertiremos en unos seguidores de su causa y evangelizaremos a todo el mundo. De ese modo, mantendremos la motivación muy alta. No vale la pena hacer nada que no sea significativo para nosotros. Y podemos ser muy ambiciosos sobre a dónde queremos llegar. Ese será el principio del plan donde deberemos proponer unas etapas intermedias y con qué tácticas alcanzaremos el punto de llegada.

No pensamos para elucubrar sobre el sexo de los ángeles, sino para conseguir nuestras metas. Todo este recorrido del pensamiento crítico no es algo abstracto e impersonal; más bien al contrario: es algo muy concreto y complemente personal. Es para ti y solo para ti. No se puede pensar críticamente si no piensas para algo y por algo, para conseguir alguna cosa que te importa de verdad. Tienes que escoger algo relevante para ti, seguir una causa por la que luchar hasta la extenuación, pero no la podrás dilucidar enteramente si el paso previo (reflexionar) no lo has hecho correctamente porque, si no sabes quién eres, ten por seguro que llegarás al sitio equivocado.

Tabla 6.1. La fuerza del emprendimiento

Fuerza	Emprender
Método de pensamiento	Proyección personal
Habilidad	Motivar
Paradigma que hay que superar	Inmovilismo
Inacción	No vale la pena hacer nada
Acción	Busca el objetivo
Pregunta	¿A dónde vamos?

6.2. Gráfico. Algoritmo de la fuerza del emprendimiento

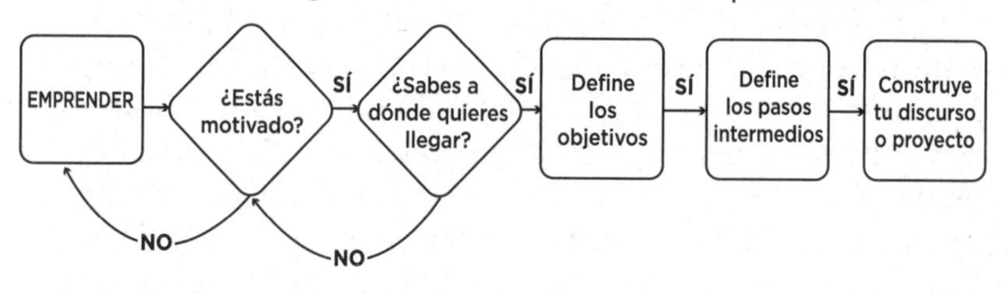

EJEMPLO

Un gran ejemplo de emprendimiento como gestión de un proyecto es la construcción de la Sagrada Familia. Gaudí era un hombre muy innovador. Su inspiración matemática para la construcción de sus edificios venía de la observación de la naturaleza. Era un arquitecto que no trabajaba solo, sino con un equipo interdisciplinar de maestros artesanos y arquitectos colaboradores. Desde 1915 Gaudí se dedicó prácticamente en exclusiva a la Sagrada Familia con gran pasión. La financiación del proyecto siempre fue por limosnas y donaciones, con lo que su progreso ha sido muy lento. Actualmente también se financia con las entradas de los visitantes. José María Bocabella, inspirado por el sacerdote José Manyanet y Vives, fundó en 1866 la Asociación Espiritual de Devotos de San José para financiar el proyecto del templo. Gaudí, siendo consciente de que el templo no sería capaz de acabarse durante su vida —también porque lo iba cambiando sobre la marcha— y de que también sería imposible terminar todos los planos de lo que tenía en mente, hizo unas maquetas a escala para guiar a los futuros arquitectos. Tras su muerte accidental en 1926, su colaborador Domingo Sugrañes se hizo cargo de la obra. Posteriormente lo sustituyó Jordi Bonet, hijo de un discípulo de Gaudí y hermano de Lluís Bonet, que fue párroco de la Sagrada Familia. Actualmente aún continúa este megaproyecto emprendedor que arrastra masas, heredero de la voluntad inquebrantable del genio de Gaudí.

EJERCICIOS

Para ejercer la fuerza del emprendimiento con eficacia dentro del proceso de transformación y que motivar o motivarte funcione, tienes que definir a dónde quieres ir. Los siguientes ejercicios de autoconocimiento debes hacerlos por escrito. Te harán reflexionar y podrás responder a las preguntas que siguen:

1. **Misión.** Haz una lista con cuatro misiones como persona que te identifican.
2. **Motivación.** Haz una lista con cuatro cosas que te motivan en la vida.
3. **Proyecto.** Haz una lista con cuatro proyectos que te gustaría hacer.
4. **Objetivos.** Haz una lista con cuatro objetivos que quieres conseguir.
5. Prioriza todas las listas y escoge el elemento más importante para ti de cada una. Redacta un texto que lo resuma todo, lo más breve posible, titulado Emprendimiento.
6. Añade este texto al que has hecho en el capítulo anterior en un mismo documento.

PREGUNTAS

Responde a las siguientes preguntas de autoafirmación ayudándote con las listas que has hecho anteriormente:

- ¿Quién quieres llegar a ser?
- ¿Cómo quieres ser?
- ¿A dónde quieres llegar?
- ¿Qué te gusta hacer?
- ¿Qué sabes hacer?
- ¿Qué quieres hacer?
- ¿Qué te motiva?
- ¿Qué te gustaría conseguir?
- ¿Cuál es tu misión en la vida?
- ¿Cuál es tu proyecto?

7

FUERZA 3: DUDAR. DUDA Y SUPERA LA NORMALIZACIÓN

1. Dalí y el narcisismo. ¿Son los selfis el símbolo de nuestra sociedad?

Salvador Dalí nos dejó un majestuoso lienzo en 1937 llamado *La metamorfosis de Narciso* inspirado en el mito griego homónimo que ha sido reinterpretado por diversos poetas (el más famoso de todos, Ovidio). Narciso era tan bello que gustaba a todo el mundo; incluso él se enamoró de sí mismo al verse reflejado en un estanque. Pero no podía abrazarse, con lo que se consumió hasta que creció la flor que lleva su nombre. Dalí pinta el mito de Narciso después de que grandes artistas, como Caravaggio o Tintoretto, lo hayan hecho anteriormente, pero con su estilo surrealista, llamado por él mismo *crítico-paranoico,* muy influido por la teoría psicoanalítica.

El narcisismo es una parte clave de la teoría social del psicoanálisis de Sigmund Freud. Lo curioso es que Dalí conoció a Freud en

1938 en Londres, aunque no fue un encuentro demasiado fructífero. Sin embargo, Dalí y el surrealismo en general recibieron una enorme influencia del concepto de subconsciente freudiano. Los surrealistas intentaban no reprimir el inconsciente para aflorar libremente los conflictos internos y el auténtico pensamiento.

El narcisismo hace que la reflexión en vez de conocimiento se vuelva contemplación estética. Es uno de los males de nuestro tiempo. Nos impide dudar porque pensamos que estamos siempre en lo correcto, que somos los mejores y los más guapos. Y todo nos lo tomamos como algo personal, nos ofendemos como si nos hirieran. Las heridas narcisistas determinan los grandes vuelcos de nuestras vidas, pero nos hacen perder el foco de nuestro auténtico propósito. Actualmente todo el mundo hace selfis, no solo por la facilidad de dispararse una foto, sino como excusa para una autocontemplación vanidosa. Esta actividad ha llegado a ser tan importante, que mucha gente se pone en peligro por conseguir fotos con las mayores proezas y muere por ello. Ejercer el pensamiento crítico es un antídoto contra el narcisismo.

2. La predisposición a pensar

Sin la duda no hay pensamiento. La curiosidad humana es uno de los motores de la ciencia y del pensamiento. Nos ayuda a ver más allá de las simples apariencias, a no conformarse con la primera explicación ni con la falta de respuestas. El mismo Dewey recomendaba tener tres actitudes para pensar que me parecen absolutamente imprescindibles:

- **Mentalidad abierta.** No ser partidista o tener prejuicios evidentes, estar abierto a la diferencia y a la novedad, aunque nuestra primera reacción instintiva sea la contraria.
- **Entusiasmo.** Hemos insistido mucho en que todo tiene que significar algo para nosotros y, por tanto, debemos pensar sobre algo en lo que estamos implicados, algo que nos apasiona. Todos los desarrollos ambiciosos están impregnados de entusiasmo.
- **Responsabilidad.** La intelectual implica que somos íntegros y que aceptamos las consecuencias de lo que pensamos y de sus acciones relacionadas.

En palabras de Richard Paul, debemos cuestionar nuestro egocentrismo. El pensamiento egocéntrico sería aquel que únicamente persigue el propio beneficio individual; en cambio, el pensamiento racional persigue la verdad y la justicia, aunque en algún caso esto no nos beneficie. La predisposición a pensar se ejerce a través de unas actitudes que nos llevarán irremediablemente a la duda. Pero no a la duda como desconfianza, sino a la que busca una confianza superior, más auténtica y duradera.

Dudar de los supuestos es la parte del pensamiento crítico donde las personas experimentan mayores dificultades cuando estos los implican personalmente. Debemos ser críticos con nosotros mismos, tanto en nuestros pensamientos como en nuestras acciones, para poder determinar si nuestros presupuestos son verdaderos o falsos y rechazar estos últimos.

3. Dudar es ser humilde

La duda siempre ha estado en el corazón del pensamiento. El pensamiento es incómodo, insidioso, no se lleva bien con lo políticamente correcto ni con el poder en general. Siempre está en otra parte, nunca donde se lo espera. Al filósofo español Antonio Lastra le gusta identificar la figura del filósofo con la del contrabandista. Es una imagen muy acertada porque el pensador vive en el límite, aportando a un territorio conceptos de otro, y viceversa. El primer autor en explicitar que la duda es la esencia del pensamiento y de la existencia humana fue Descartes, quien formuló su propio método, llamado *duda cartesiana* o *duda metódica*. El precedente más antiguo lo encontramos en Agustín de Hipona, quien anticipó el famoso «Pienso, luego existo» diciendo: «Si me engaño, existo. El que no existe no puede engañarse, y por eso, si me engaño, existo».

Descartes invita a dudar de las creencias no solo hasta toda duda razonable, sino incluso de toda duda posible. Dejando de lado los conocimientos establecidos, debemos validar nuestras ideas hasta el punto en el que ya no podamos dudar de ellas. Para ello nos aconseja dividir las ideas en las unidades más pequeñas posibles y resolverlas por separado. Señala que los errores son una gran oportunidad para revisar elecciones mal hechas o conocimientos que deberíamos haber tenido porque son una carencia.

«NO SE PUEDE PENSAR SIN DUDAR».

Mientras el narcisismo nos lleva a una autocontemplación donde siempre pensamos que estamos en lo cierto —y nuestra sociedad es narcisista: le gusta exhibirse a través de selfis descarados y constantes—, dudar nos inmuniza contra esta tendencia. La humildad es una característica imprescindible para la grandeza y para pensar. La duda no puede progresar sin humildad y, por tanto, dudar es ser humilde. También me refiero a la humildad de reconocer que no tenemos suficientes conocimientos para dudar o para que la duda sea fructífera llevándonos a nuevas conclusiones. Al contrario de lo que percibimos, dudar no es desconfiar agresivamente de algo o de alguien, sino entender que somos falibles, que podemos equivocarnos y que estamos eternamente en busca de la verdad. Es una obligación moral. No se puede pensar sin dudar. El pensador es como un detective: nadie se puede ofender por hacer su trabajo de desentrañar los crímenes más abyectos. No hacerlo sería algo nocivo e incomprensible. Lo mismo ocurre con el pensamiento. Aunque haya verdades que nos apasionan y reconfortan, debemos dudar de ellas, especialmente de las más fuertes e importantes, porque son las que más nos dominan y las que nos pueden poner más en peligro que las demás.

Cuando no dudamos asumimos un gran riesgo. La tragedia ocurre cuando hemos asumido verdades que nos acaban llevando a la ruina. Dudar es evitar la tragedia. La duda es la mirada del detective, del investigador que intenta mirar las cosas como si se tratara de la primera vez y sentirse perplejo ante cualquier cosa. La duda se conecta directamente con la investigación. Cuando un detective sospecha de un asesino, lo investiga para ver si es inocente o no.

Los animales no dudan y, por tanto, no se equivocan. El pensamiento es liberador porque nos aleja de los instintos animales, pero la capacidad de dudar y decidir nos hace falibles porque podemos equivocarnos.

Debemos dudar de los discursos y de los enunciados de otros, pero sobre todo de los propios, que podemos haber asumido acríticamente en todos sus aspectos: datos, información, análisis, conclusiones, ideas y puntos de vista. En este nivel es donde hemos de ir con mucho cuidado por los sesgos culturales de género, raza o ideología política y también por enunciados ambiguos, mal estructurados o no respaldados por datos. Muchos supuestos y presupuestos, es decir, creencias sobre las que se asientan los razonamientos, pueden ser falsos o incluso estar basados en tópicos tan generales como «todos los suecos son rubios» o «todos los catalanes son rácanos». Son presupuestos que se convierten en prejuicios. Todo supuesto se puede reducir a un enunciado; debemos acostumbrarnos a formalizar las cosas en textos.

«EL PENSAMIENTO CRÍTICO INTENTA ANTICIPARSE A LOS PROBLEMAS».

Te lo recuerdo. El pensamiento crítico intenta anticiparse a los problemas detectándolos mientras permanecen aún ocultos mediante la duda permanente en virtud de la sospecha constante. Solo de esta manera estaremos preparados para solucionarlos cuando se presenten.

Si los supuestos no son ciertos las conclusiones tampoco lo serán. Hay que desmontar los dogmas. Utilizo la palabra *dogma,* aunque sea fuerte, para hacer hincapié en que a veces sin darnos cuenta suponemos cosas como verdades absolutas que no lo son. Lo repito un vez más: aquí debemos dejar nuestras emociones fuera. Podemos pensar que «las madres siempre quieren a sus hijos», pero no tiene por qué ser verdad. Aunque deseamos pensar que siempre es así, desgraciadamente la crónica negra nos da algunos contraejemplos. Un enunciado siempre tiene que poder ser falso. Si no puede llegar a serlo, es que no explica nada. Por tanto, de cualquier enunciado debemos explorar su alternativa por absurda que parezca.

Dudar es más difícil de lo que parece porque lidiamos contra nuestro propio subconsciente, donde residen innumerables creencias asentadas por nuestra parcial experiencia de la vida, especialmente de cuando éramos niños.

4. El sesgo de confirmación

Los sesgos no solo son propios de las personas; la inteligencia artificial también tiene sesgos, y no solo porque está programada por personas, sino además porque todos los datos que utiliza son humanos. La inteligencia, en general, cuenta siempre con un punto de vista, una perspectiva que forzosamente tiene que ser parcial y que, por tanto, si no se puede eliminar, al menos hay que minimizarla o, como poco, explicitarla, como un aviso del tipo «las rentabilidades pasadas no garantizan las rentabilidades futuras». Un sesgo consiste en un desequilibrio manifiesto en la valoración de algo. Existen sesgos de diverso tipo. Un ejemplo de sesgo estadístico se da cuando la muestra es desproporcionada; por ejemplo, si preguntamos a un 80 % de hombres y a un 20 % de mujeres qué piensan del feminismo, probablemente las conclusiones serán incorrectas. Los sesgos más importantes socialmente son los cognitivos, pues son aquellos con los que el cerebro intenta simplificar inconscientemente un análisis, impidiendo una verificación rigurosa de los enunciados. Son prejuicios que intentan evitar conflictos.

El sesgo de confirmación es el autoengaño constante de persistir en el cubo, en la zona de confort. Es uno de los más habituales de nuestro tiempo y propio de las sociedades narcisistas. Consiste en contentarse únicamente con la información que confirma las propias creencias o hipótesis, rechazando radicalmente cualquier alternativa. Se trata de un tipo de sesgo cognitivo que consiste en un error sistemático del razonamiento. Habitualmente existen fuertes anclajes emocionales en la elección de las informaciones o de los argumentos que impiden llegar a conclusiones puramente racionales. Este sesgo resulta especialmente nocivo porque alimenta la intolerancia y la polarización de las posiciones argumentativas. Puede indicar también una falta de rigor observacional, una incapacidad de enfocarse en determinados hechos. Es más fácil que ocurra en las ciencias sociales que en las ciencias exactas.

Con los medios de comunicación de masas y posteriormente con los medios sociales, la normalización de la sociedad ha dado un salto cualitativo. Los marcos mentales en Occidente son uniformes, los individuos son casi como robots reproducidos por una misma fábrica; lo extraño es la diferencia, la crítica, la tolerancia, ir contracorriente, la innovación. Las distinciones son casi irrelevantes. Sin embargo, existe una virulencia enorme en la confrontación discursiva y prácticamente la imposibilidad de saber qué es cierto, es decir, la misma realidad de los hechos nucleares, con lo que la gente sigue el sesgo de confirmación: «solo escucho lo que está de acuerdo conmigo». Pero eso que soy y que pienso en realidad lo han producido esos mismos discursos, bombardeados con persistencia desde la infancia en todos los lugares. Son realmente extrañas las conversiones mentales en las que alguien cambia sus fundamentos de pensamiento y creencias, especialmente porque el cambio está muy castigado como estigma social:

- Lo que no se puede decir no se puede ser.
- Lo que no se puede pensar no se puede decir ni hacer.

El sesgo de confirmación es la ausencia de duda; representa el narcisismo y el fanatismo en estado puro. Resulta muy frecuente verlo en las redes sociales. También es un tipo de actitud paranoide porque interpreta mal las señales de la realidad; es lo que se llama *correlación ilusoria,* que sucede cuando se relacionan hechos que no tienen nada que ver pero que redundan en las tesis del observador.

Existen muchísimos otros sesgos que pueden entorpecer nuestra evaluación de un enunciado. Vamos a ver solo los que me parecen más pertinentes para el caso de la duda:

- **Efecto de anclaje o de focalismo.** Se produce cuando se confía en la primera información que se encuentra al tomar decisiones. Parece un poco absurdo dicho así, pero ocurre más de lo que creemos.
- **Efecto halo.** Cuando existen características muy positivas en un enunciado, al igual que ocurre con el halo de los santos, cuya luz parece que borra toda sombra, las negativas se ven igualmente positivas.
- **Sesgo del *status quo*.** Consiste en la preferencia por seguir con la situación como está, en persistir en la zona de confort.
- **Sesgo de autoservicio.** Se da cuando se acredita el logro a nuestros esfuerzos y cualquier fracaso a causas externas.

Como hemos visto, los sesgos cognitivos son muy peligrosos ante la toma de decisiones.

5. Tercera fuerza: Dudar

El paradigma de la normalización nos dice que algo «no se puede cambiar». Es otra fuerza social que nos incita a permanecer anclados en la zona de confort, en la caja, en el cubo. La fuerza individual que nos permite superar ese límite que representa el paradigma de la normalización es la duda. El beneficio de la duda consiste en saber que algo se puede cambiar. Dudar quiere decir que queremos cambiar, que estamos dispuestos a cambiar. Tenemos que dudar de la certeza, de las verdades establecidas, de los hábitos habituales. La duda empieza por uno mismo. Dudar de lo que somos, de nuestra identidad incluso, es necesario para mejorar. Se trata de dudar de aquello que pensamos que somos para ser lo que queremos ser. Ser capaz de pensar es abrazar el cambio. En cambio, no pensar es estar inmóvil, y es una situación vulnerable. Para dudar hay que hacerse la pregunta básica ¿por qué?, pero más de cinco veces, una y otra vez, como hacen los niños (cadena de los porqués), con preguntas extremas e indeseables. Sakichi Toyoda, fundador de Toyota, fue quien inventó la técnica de los cinco porqués y la utilizó en su reconocida empresa. Una vez enunciado el problema con cinco porqués, se debería llegar a conocer la causa primera del problema y así ser capaces de construir una solución.

Dudar es de rebeldes, y hay que hacerse la pregunta ¿cuáles son los dogmas? Y la acción para salir del paradigma de la normalización, de ese lado del cubo que nos oprime, es «rompe las normas». La habilidad que necesitamos desarrollar es sospechar igual que los detectives. Sospechar no es algo malo, si bien tampoco debe ser enfermizo; se trata de una rutina del pensador que intenta detectar la falsedad. La sospecha es el radar que intenta detectar los enunciados y discursos falsos.

Sí se pueden cambiar las cosas, siempre hay que empujar el cambio. Dudar de las normas y los conceptos heredados nos lleva a romper las normas y a innovar para desarrollar un nuevo marco de pensamiento y de acción. La autocomplacencia narcisista y la falsa seguridad nos hacen permanecer en la zona de servidumbre. Sí se pueden cambiar las cosas, siempre hay que empujar el cambio. Dudar es la voluntad de poder del cambio.

Tabla 7.1. La fuerza de la duda

Fuerza	Dudar
Método de pensamiento	Duda metódica
Habilidad	Sospechar
Paradigma que hay que superar	Normalización
Inacción	No se puede cambiar
Acción	Rompe las normas
Pregunta	¿Cuáles son los dogmas?

Gráfico. 7.2. Algoritmo de la fuerza de la duda

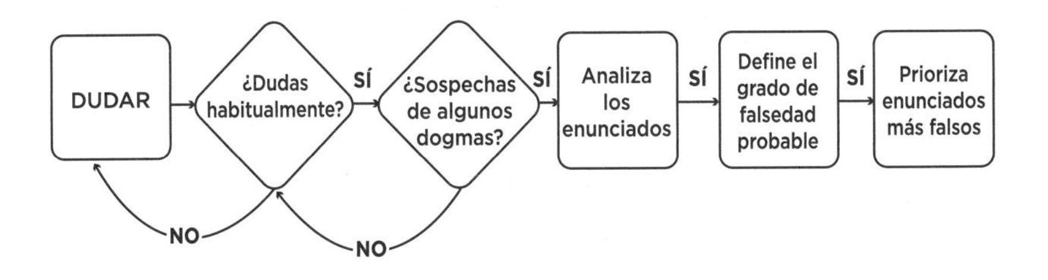

Dudamos de que la pena de muerte sea una buena idea porque nos hacemos la pregunta que hemos aprendido con la reflexión ¿y si el reo es inocente y se descubre póstumamente?, pues no habría manera de reparar el daño. ¿Y si fuera mi padre? Por mucho que aceptemos moralmente que ha cometido una atrocidad y debe pagar por ello, quizás nos cuesta aceptar la pena máxima si estamos implicados emocionalmente. La duda es un cambio de perspectiva sobre un dogma (un hecho comúnmente aceptado) que nos hace sospechar que los argumentos en los que se fundamenta pueden ser débiles o falsos.

EJERCICIOS

Para ejercer la fuerza de la duda con eficacia dentro del proceso de transformación y que sospechar funcione, tienes que definir a dónde quieres ir. Los siguientes ejercicios de autoconocimiento debes hacerlos por escrito. Te harán reflexionar y podrás responder a las preguntas que siguen:

1. **Rutinas.** Haz una lista con cuatro rutinas como persona que te identifican.
2. **Hábitos.** Haz una lista con cuatro hábitos que te condicionan habitualmente.
3. **Bloqueos.** Haz una lista con cuatro bloqueos que te impiden o podrían impedirte realizar tu proyecto.
4. **Dogmas.** Haz una lista con cuatro dogmas que das por sentado.
5. Prioriza todas las listas y escoge el elemento más importante para ti de cada una. Escribe una alternativa posible para cada uno de los elementos de la duda. Redacta un texto que lo resuma todo, lo más breve posible, titulado Dudas.
6. Añade este texto al que has hecho en los capítulos anteriores en el mismo documento.

PREGUNTAS

Responde a las siguientes preguntas de autoafirmación ayudándote con las listas que has hecho anteriormente:

- ¿Qué hábitos no puedes dejar de hacer?
- ¿Qué otros hábitos que puedes tener son mejores?
- ¿Cuáles son tus dificultades en la consecución de tus objetivos?
- ¿Qué tienes que hacer para superar estas dificultades?
- ¿Cuáles son tus verdades personales indudables?
- ¿Qué otras verdades podrían sustituir tus verdades?
- ¿Qué dogmas sociales te parecen imprescindibles?
- ¿Con qué otras creencias podrías sustituir esos dogmas sociales?

8

FUERZA 4: CRITICAR. CRITICA Y SUPERA EL BUENISMO

1. Bukowski lo intentó. ¿Es positivo buscar problemas?

En lápida del escritor «maldito» Charles Bukowski se lee «No lo intentes». Murió a los 73 años justo después de publicar su primera novela. Gracias al apoyo y mecenazgo del editor John Martin, de *Black Sparrow Press,* Bukowski empezó a publicar su obra rondando los cincuenta después de trabajar en una oficina de correos, como ya habían hecho otros ilustres, como Einstein o Kafka. Martin le prometió una remuneración de cien dólares mensuales de por vida para dedicarse a escribir a tiempo completo. Bukowski lo vivió como un dilema: «Tengo dos opciones: permanecer en la oficina de correos y volverme loco... o quedarme fuera y jugar a ser escritor y morirme de hambre. He decidido morir de hambre». A decir de su lápida, parece que tal elección no se hizo sin grandes sacrificios. Bukowski fue un alcohólico y un adicto a los estupefacientes, y con su frase lapidaria quería prevenir a los demás de intentar hacer algo similar. Pero Bukowski se equivocaba. Claro que hay que intentarlo; siempre. Aunque se puede hacer sin ser tan autodestructivo. Bukowski olvidó que hay problemas, que si no se ven hay que buscarlos, porque están ahí latentes y, una vez que los encuentras, puedes resolverlos; de lo contrario, acabarán contigo. Nuestra sociedad suele incentivar los discursos que manifiestan la ausencia de problemas. Olvidar los problemas y no solucionarlos a tiempo solo los acaba agravando. Por tanto, problematizar, buscar problemas analíticamente, es completamente necesario, pero también positivo, porque solo con un momento negativo se puede crear uno positivo; de lo contrario, negativo y positivo se identifican. Tanto el buenismo como el negativismo nos llevan a la ruina personal; solo una inteligente combinación de ambos nos permitirá evitar caer en el desastre, como le ocurrió al gran poeta Bukowski.

2. La crítica no debe ser constructiva

Cuando hablamos de crítica las personas suelen añadir la coletilla «pero una crítica constructiva». No debemos ser críticamente destructivos, aunque, en general, lo que deseamos decir es que la crítica debe ser políticamente correcta. Hay que entender que lo políticamente correcto es irracionalmente incorrecto en lo que respecta al pensamiento crítico. La crítica solamente puede ser radical. *Radical* quiere decir «que va a la raíz de las cosas». No se trata de una crítica agresiva, pues ha de ser lo más respetuosa y amigable posible, pero sin faltar a lo que uno cree que es la verdad. De la misma manera, en la universidad las teorías y hasta los artículos científicos sufren la llamada *revisión por pares,* donde diversos especialistas en la materia leen el texto e intentan buscarle todos los defectos posibles de forma y de fondo para poder publicarse. Luego, a pesar de ser publicado, otros expertos intentarán demostrar los fallos de la teoría. Los discursos o enunciados son como los edificios: no se puede construir algo si no está bien fundamentado y estructurado. Igual que los ingenieros realizan cálculos de resistencia de materiales y de estructura para que no se caigan las construcciones, con los discursos ocurre lo mismo: hay que criticarlos hasta la saciedad para que no puedan sobrevivir como engañosos o falsos. Lo mismo ocurre en las *start-ups* cuando se pasa de la idea al producto: primero hay que criticar la idea y ver si realmente se puede convertir en una oportunidad de negocio, luego sobre esa especificación se realizan experimentos para ver cuál es la mejor versión para el mercado y, finalmente, se testa el producto. Siempre hay que criticar, probar, hacer test. Otro ejemplo es el de un *crash test* de coches. Si no se supera, no se puede circular porque puede ser peligroso. Nadie pide que se hagan esos ensayos a menor velocidad para que los *dummies* no se rompan. Sería absurdo. Los discursos deben ser expuestos a una prueba de estrés para verificar su estado de buena salud.

«LA CRÍTICA SOLAMENTE PUEDE SER RADICAL. *RADICAL* QUIERE DECIR QUE VA A LA RAÍZ DE LAS COSAS».

Curiosamente en muchas dictaduras promotoras del pensamiento único se habla de *pensamiento crítico* porque no se entiende que la crítica empieza por uno mismo. Criticar a los demás puede ser fácil y hasta divertido, pero por donde debemos empezar es por nuestras certezas, por la autocrítica. Algunos confunden intencionadamente el pensamiento crítico con la crítica doctrinaria del enemigo.

La crítica de los discursos, en realidad, debe ser deconstructiva. En algunos casos podrán ser fácilmente destruidos si están mal hechos, ya que no podrán sobrevivir mucho tiempo. Obviamente tiene que ser una crítica argumentada honestamente y que rehúya los argumentos *ad hominem,* es decir, que descalifican a la persona para derribar la idea.

La antinomia positividad-negatividad ha de evitarse a toda cosa. Ni solo ser positivo ni únicamente ser negativo ante los acontecimientos de la vida nos permite evitar los problemas. Si los ignoramos como hace la positividad, más tarde surgen con mayor fuerza. Si únicamente hablamos de los problemas y los magnificamos, nos acabarán destruyendo. Hay que encontrar un equilibrio.

Se han de buscar problemas como quien busca las grietas de una casa para anticiparse a problemas graves de estructura, pero no podemos problematizarlo todo y pensar que una pequeña hendidura en la pintura nos tiene que llevar a apuntalar la casa. La crítica debe centrarse en las cosas importantes. Tiene que escoger los problemas y priorizarlos.

3. La crítica de la razón

La crítica tiene una larga tradición en el pensamiento filosófico. Mientras la duda es una actitud y una capacidad mental, la crítica consiste en un método que se ejerce verbalmente y por escrito. La duda es para uno mismo, pero la crítica es para comunicarlo a otras personas. Desde que existe el lenguaje hay crítica, pero ha sido el debate filosófico verbal o escrito el que ha permitido desarrollar esta técnica. Sin embargo, no es hasta Kant cuando encontramos la plena conciencia de qué significa crítica y se ejerce con una consistencia inigualable. De hecho, como es sabido, los títulos de las tres obras principales de este autor empiezan con la palabra *crítica.* En *Crítica de la razón pura* Kant se hace una sola pregunta: «¿qué puedo conocer?», y precisamente se centra en establecer los límites de la razón pura, es decir, del razonamiento que no tiene en cuenta la información proveniente de los sentidos. Aquí lo que nos interesa es la idea de crítica como delimitación del problema que, en definitiva, es el tema de indagación. Kant pensaba que antes que él las propuestas de los racionalistas y los empiristas se equivocaban, pero consideraba que, si se juntaban apropiadamente las dos, podían resultar acertadas. Ambos puntos de vista son necesarios para entender cómo conocemos la realidad, y ahí encontramos la crítica kantiana contra los discursos anteriores liderados por Descartes y Hume. Problematiza la parcialidad de los dos enfoques precedentes y delimita el problema que hay que investigar en la razón pura.

Criticar es problematizar, detectar un problema donde no existe aparentemente o incluso crearlo para más tarde poder resolverlo; es acabar el trabajo despertado por la duda. Kant problematiza el empirismo con el racionalismo, y viceversa, y su solución es el contenido de su libro de la razón pura. Después de Kant ha proliferado la crítica como método y existen corrientes kantianas y criticistas por doquier. Muchos libros lo llevan por título y muchas materias también. Piensa que la crítica se ha establecido como disciplina en las artes, como la crítica literaria, la cinematográfica, la musical y la artística. En EE. UU. la crítica literaria tiene una larga tradición de enseñanza en la universidad; es una disciplina reconocida con autores de gran calibre, como ocurre en otras materias.

«CRITICAR ES PROBLEMATIZAR, DETECTAR UN PROBLEMA DONDE NO EXISTE».

Quizás una de las críticas más importantes ha sido la de Marx. No nos interesa el sentido político, sino únicamente su novedad teórica. En sus llamados *Grundrisse* o *Elementos fundamentales para la crítica de la economía política,* realiza una crítica de la economía clásica, liberal, invirtiendo el punto de vista: en vez de referirse a un sujeto individual para construir su teoría del valor, se refiere a un sujeto social y a las relaciones sociales de poder como resultado de un proceso histórico. A pesar de todos sus errores, esto le permite entender el papel de la competencia y de la tecnología mejor que muchos antecesores e incluso que innumerables sucesores. Schumpeter, autor de la famosa teoría de la destrucción creativa de los emprendedores, comparte muchas ideas con Marx y con Kondrátiev sobre los ciclos económicos que provocan la alternancia de construcción (o acumulación) de capital y su destrucción en las crisis. La tecnología y la innovación lideran el crecimiento, mientras que el poder y la burocracia lo quebrantan.

Mucha gente ha oído hablar del libro de Thomas Kühn *La estructura de las revoluciones científicas,* donde explica que la ciencia avanza por paradigmas científicos que se critican desde sus márgenes conceptuales, con lo que así pueden establecerse otros nuevos. Por ejemplo, antiguamente según el paradigma tolemaico en astronomía se pensaba que la Tierra estaba en el centro del universo. Se llama *revolución copernicana* o *giro copernicano* a la inversión realizada por Nicolás Copérnico en la que demostró según los cálculos de la época, que el Sol está en el centro de universo —del sistema solar diríamos hoy—. Según Kuhn esto es un cambio de paradigma. Pero Kuhn escribió una obra previa llamada *La función del dogma en la investigación científica* donde afirma que la ciencia a través de sus instituciones tiende a dogmatizar las teorías dominantes, con lo que cualquier alternativa requiere un esfuerzo extra muy fuerte para vencer las resistencias, pero en un momento dado la comunidad científica cambia por completo. También pasó con la teoría de la relatividad especial, de Einstein, quien tuvo que oponerse al dogmatismo científico imperante en su tiempo de la física newtoniana. Como hemos visto, con la fuerza de la duda se derriban los dogmas, pero luego viene la crítica, que nos ayuda a individualizar el problema y ver sus puntos débiles.

La crítica supera el paradigma establecido que no ve problemas delimitándolos y también el ámbito de investigación de sus soluciones.

4. El cinismo racional

El reverso de la crítica es el cinismo. Cuando no criticamos el buenismo ante la negatividad, nos convertimos en cínicos. Más allá de la escuela cínica en la Grecia clásica que buscaba la autonomía del individuo respecto a la sociedad para conseguir la felicidad, actualmente se entiende por *cínico,* más que una persona que no tiene el mínimo pudor en mentir, una actitud de falta de lucha y de crítica y que se resigna a desahogarse de las situaciones con indiferencia y acidez.

El gran filósofo contemporáneo Peter Sloterdijk escribió *Crítica de la razón cínica* como un análisis histórico-social de la reacción cultural ante el fracaso de los ideales de la Ilustración. La razón cínica es la falsa conciencia ilustrada; en otras palabras: cuando alguien con conocimientos disocia sus ideales de justicia y prosperidad de sus propias condiciones económicas depauperadas, entra en una contradicción. La razón cínica es la reacción de una sociedad vencida a la que se le prometió un progreso basado en el conocimiento, en la educación y en la tolerancia pero que ha sido anulado por la mercantilización de la vida, el holocausto y la bomba atómica. Se trata de episodios sociales que han hecho perder la fe en la humanidad y han dejado, no ya la crítica impenitente, sino la queja lúcida e infinita, tan inútil como nociva.

La crítica evita caer en el cinismo individual o social, en el postureo de la queja estéril. Si la duda se centra en revisar las suposiciones y nuestras presunciones, la crítica lo hace en la problematización y en la validación de los datos. Datos e informaciones, entendidas como datos interpretados o analizados, deben ser examinados cuidadosamente y, si no, hay que buscar datos alternativos. Hemos dicho que, al contrario de lo que la gente piensa, los datos no son neutros ni verdades universales. Los datos atómicos son incontestables, pero los correlacionados resultan interpretables, y la gran mayoría de los datos y los hechos vienen dispuestos, organizados, clasificados, de tal manera que implican una causalidad que puede ser falsa.

5. La validación de la información

Validar la información significa dos cosas: validar los datos y validar las inferencias. En primer lugar, como hemos dicho, los hechos o datos atómicos son irrefutables, pero los hechos o datos encadenados, al menos una relación de dos, ya son interpretaciones de la realidad. Las inferencias son conclusiones derivadas de informaciones provenientes de la experiencia, es decir, de datos o hechos.

Respecto a los datos, lo primero es certificar su autenticidad por al menos dos fuentes fiables con la mayor autoridad posible y ver si la información está actualizada. Hay que cuestionarlos en el sentido de ver si son pertinentes y relevantes para el tema en cuestión. También se debe tener una visión general, lo que los anglosajones llaman *big picture,* para detectar si está toda la información necesaria o se ha omitido algo relevante *ex profeso* o por error. En cualquier caso, siempre resulta conveniente acudir a los expertos porque es imposible saber de todo.

Las inferencias son deducciones. «Si llueve nos mojaremos» es una deducción formalmente válida, pero será cierta o no dependiendo del contexto. La validación de datos es una herramienta fundamental para combatir las *fake news* y los *hoax* o bulos que tanto proliferan actualmente.

6. La cuarta fuerza: Criticar

Sin duda, la parte nuclear del pensamiento crítico es la crítica. Después de dudar, debemos hacer el ejercicio de construir una crítica articulada. El paradigma o límite del cubo del buenismo que nos dice «no hay problemas» se supera con la fuerza de la crítica. La acción que debemos realizar es vencer el miedo. El miedo a llevar la contraria, a ir contracorriente es muy humano, pero si no queremos ser arrastrados por la corriente, debemos ser valerosos y criticar. Superar el miedo paralizante que nos hace persistir en el cubo, en esa zona de servidumbre que nos pone cada día que pasa en mayor peligro, resulta imprescindible para hacer una crítica razonable. Detrás de un miedo hay un problema oculto, latente, pendiente de ser superado o gestionado. La única manera es desvelar el problema, problematizar la certeza; en definitiva, crear un problema, porque sin problema no hay solución ni oportunidad.

Solo si aceptamos la negatividad tendremos positividad. La crítica tiene que ser destructiva sin paliativos. Por eso el método de pensamiento utilizado es la crítica radical, que tiene una larga tradición en el debate filosófico, como hemos visto.

Siempre hay problemas, y se deben descubrir cuanto antes porque es allí donde empiezan las oportunidades. La pregunta que hemos de responder es ¿cuál es el problema? Después de haber dudado, ahora nos toca investigar la duda, buscar y definir el problema, ver sus puntos débiles y construir unos argumentos razonados. Para ello necesitamos desarrollar la habilidad de la problematización.

Criticar nos permite vencer los miedos que nos bloquean y nos ocultan los verdaderos problemas. Hay que problematizar los discursos del falso positivismo, buscar problemas donde no los hay para encontrar mejores soluciones. La negatividad es un paso imprescindible para construir una positividad sólida.

Tabla 8.1. La fuerza de la crítica

Fuerza	Criticar
Método de pensamiento	Crítica radical
Habilidad	Problematizar
Paradigma que hay que superar	Buenismo
Inacción	No hay problemas
Acción	Vence el miedo
Pregunta	¿Cuál es el problema?

Gráfico 8.2. Algoritmo de la fuerza de la crítica

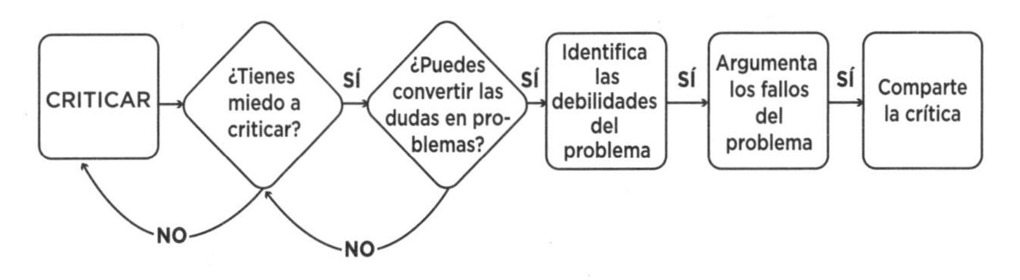

Si hemos llegado a la conclusión de que la pena de muerte no es justa ni civilizada, con la crítica encontraremos los contraargumentos que rebaten los argumentos positivos. Cesare Beccaria, en su obra de 1764 *De los delitos y las penas,* reclamó la abolición de la pena de muerte principalmente con un argumento de asimetría: un Estado no puede ir contra un ciudadano incluso aunque sea culpable. Incluso a pesar de tener el monopolio de la violencia, no debe matar a sus ciudadanos. La cadena perpetua puede ser una alternativa más civilizada. Es el momento de preguntarse ¿por qué? La duda detecta las grietas y la crítica es el martillo para derribar los muros falsos o débiles.

Para ejercer la fuerza de la crítica con eficacia dentro del proceso de transformación y que problematizar funcione, tienes que definir a dónde quieres ir. Los siguientes ejercicios de autoconocimiento debes hacerlos por escrito. Te harán reflexionar y podrás responder a las preguntas que siguen:

1. **Fallos.** Haz una lista con los cuatro fallos más habituales en un proyecto como el tuyo.
2. **Debilidades.** Haz una lista con las cuatro debilidades más habituales en un proyecto como el tuyo.
3. **Síntomas.** Haz una lista con los cuatro síntomas de que algo va mal más habituales en un proyecto como el tuyo.
4. **Problemas.** Haz una lista con cuatro problemas donde no parece que los haya y argumenta qué oportunidad puede haber detrás.
5. Prioriza todas las listas y escoge el elemento más importante para ti de cada una. Redacta un texto que lo resuma todo, lo más breve posible, titulado Crítica.
6. Añade este texto al que has hecho en los capítulos anteriores en el mismo documento.

PREGUNTAS

Responde a las siguientes preguntas de autoafirmación ayudándote con las listas que has hecho anteriormente:

- ¿Qué no funciona?
- ¿Qué hay que hacer para que funcione?
- ¿Qué partes permiten una recomposición diferente?
- ¿Qué pregunta no se puede contestar?
- ¿Qué no encaja?
- ¿Qué no tiene lógica?
- ¿Qué está por debajo de la media (expectativas, justicia, etc.)?
- ¿Qué hacen otros que no hago yo?
- ¿Qué problemas inexistentes puedo encontrar?
- ¿Cuáles son las oportunidades para los problemas encontrados?

9

FUERZA 5: DIALOGAR. DIALOGA Y SUPERA EL SOLIPSISMO

1. Aristóteles, núcleo del pensamiento occidental. ¿Sigue vigente la dialéctica?

Quizás el gran debate de todos los debates históricos, el gran posibilitador del diálogo y la dialéctica como instituciones del pensamiento occidental, fue el nacimiento de la primera universidad autónoma del poder político y religioso, la renombrada Universidad de París, a mediados del siglo XII. En un ambiente de controversia en el clero católico imperante de si seguir con los estudios sobre la literalidad de la Biblia o de abrirse a la tradición filosófica aristotélica, ganó esta segunda tesis.

Los estudiantes que empezaban acudían a la facultad de las Artes Liberales en dicha universidad. Allí los textos aristotélicos se impusieron por primera vez al catolicismo como de lectura obligatoria.

Lógica, Física, Metafísica y Ética, de Aristóteles, se convirtieron en libros de texto. Por tanto, todo el mundo que quería estudiar en la facultad de Teología tenía que pasar por ellos. Ese es el principio de la secularización en la tradición cristiana. La Universidad de París fue un modelo que proliferó por toda Europa y representa un punto de inflexión en la historia mundial porque es donde en Occidente, por primera vez, la religión se separa de la política. Iglesia y Estado, leyes del Estado y normas religiosas, empiezan a recorrer caminos diferentes. El hecho de que en otras tradiciones, como el Islam, el aristotelismo se prohibió después de Averroes o en la tradición hebrea después de Maimónides, explica las diferencias sustanciales en la evolución de las tres grandes religiones monoteístas. Alumnos reconocidos de la Universidad de París como Pedro Abelardo o Tomás de Aquino integraron el aristotelismo en su obra cristiana.

El método de enseñanza que se impuso fue el de la disputa y el debate. Después de tanto tiempo en el que se había utilizado el comentario literal para favorecer la comprensión de los textos, ahora se practicaba la *disputatio,* la disputa sobre cualquier tema de estudio. Los profesores planteaban temas con argumentos a favor y en contra y los debatían con los alumnos. Lo más importante no era que el profesor expusiera conocimientos o tesis muy trabajadas en sus lecciones, sino introducir a los alumnos en el arte del debate, que implica la comprensión, la elaboración de argumentos y la crítica de estos con contraargumentos.

El diálogo es la fuerza que ha dado ventaja a la tradición occidental sobre otras. Por ello tanto diálogo como dialéctica siguen vigentes actualmente.

2. La dialéctica emprendedora

La filosofía presocrática era un tanto poética, estaba enraizada en la mitología clásica, pero desde Sócrates la filosofía se centra en el diálogo. Esa puesta en escena del pensamiento surge del teatro, muy popular en la Grecia antigua. De hecho, teoría y teatro tienen la misma raíz etimológica. En aquellos tiempos se establece la dialéctica como técnica del diálogo, de la conversación, que ha ido desarrollándose a lo largo de la historia de la filosofía, convirtiéndose en una abstracción que presupone que el diálogo es más un diálogo entre discursos conceptuales, como ocurre con Hegel, que entre personas.

El objetivo del diálogo para Sócrates era táctico. Su propia técnica dialéctica se llamaba *mayéutica,* al igual que las comadronas, porque ayudaba a extraer los conocimientos de las personas. Con Platón el diálogo es una técnica de exposición donde se muestra la profundización del criterio sobre una cuestión, unas veces con conclusiones y otras sin ella (aporía). El diálogo en el pensamiento tiene siempre una finalidad. No es una agradable conversación sobre el tiempo o sobre cómo nos encontramos esta mañana, sino sobre un tema concreto con un propósito determinado. La finalidad del diálogo consiste en seguir contrastando la certeza de los diversos enunciados y su encadenamiento (argumentaciones) para dar una explicación o conclusión.

Como hemos visto anteriormente, pensar forma parte de la reflexión individual, del monólogo o diálogo interior, pero obviamente debe contrastar nuestras ideas o discursos con los demás, con el mundo. También hemos visto que el dudar se centra en hacer preguntas para revelar las presuposiciones erróneas. El diálogo también utiliza la pregunta, pero toca responder.

El diálogo entre personas, entendido como dialéctica, como la confrontación de tesis opuestas para llegar a conclusiones que superen un antagonismo, es una herramienta imbatible. La gran mayoría de *start-ups* tienen al menos dos fundadores: parejas como William Hewlett y David Packard en HP, Steve Jobs y Steve Wozniak en Apple, Bill Gates y Paul Allen en Microsoft y Larry Page y Sergey Brin en Google; a veces se trata de tríos, como Richard James McDonald, Maurice James McDonald y Ray Kroc en McDonald's. El diálogo emprendedor constituye el método de razonamiento de la dialéctica empresarial.

Generalmente se supone que para formar un equipo, especialmente un dúo, hay que ser compatible. La divergencia se ve como un gran problema. Profundizando, ese problema más que real es el sempiterno miedo a lo desconocido, a lo diferente, mezclado con la desgana de quererse enfrentar a dinámicas complejas que requieren un esfuerzo personal y, a veces, cierta dosis de sufrimiento y sacrificio. ¿Pero ser diferente es tan malo?

Yo diría que no. Es más, como suele pasar tantas veces en el emprendimiento, la diferencia resulta incluso mejor que ser complementario. Lo importante no es cómo se es o se deja de ser, sino cómo uno es capaz de relacionarse y desarrollarse en la relación. He elaborado una matriz para explicarlo. Lo fundamental no es la complementariedad, sino el tipo de interacción entre dos personas. Lo más importante consiste en si la relación es constructiva o destructiva, si se saben resolver los conflictos o no. Una afinidad estrecha pero con incapacidad para resolver conflictos está destinada al fracaso. Sin embargo, dos personas divergentes entre sí pero con habilidad para el entendimiento son capaces de multiplicar lo que hacen más que una pareja complementaria y constructiva. Lo relevante es que mutuamente reducen por sus perspectivas contrapuestas las zonas ciegas de su ventana de Johari con grandes progresos de crecimiento personal.

Gráfico 9.1. Matriz de complementariedad personal

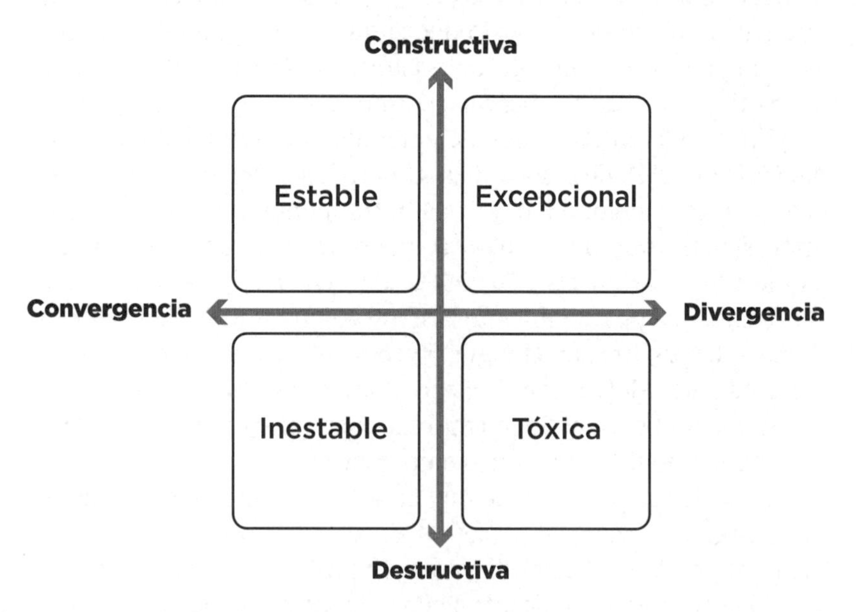

Para conseguir una relación de alto potencial como son la divergente-constructiva, son esenciales tres simples valores:

1. **Confianza.** Sin ella la relación se basa en «no me creo lo que me dice». Puede ser por el típico «no me fío ni de mi padre», es decir, por sistema, o por algún problema pasado. Pero la relación resulta puramente formal y, aunque la otra persona esté llena de razón, de nada sirve porque no hay crédito.
2. **Respeto.** Sin él la interacción se convierte en un «me da igual lo que diga», ya que no es una fuente creíble o de consideración, especialmente respecto a uno mismo. Ya no es que no me lo crea, es que, aunque me lo crea, me da igual, pues esa persona no es digna de mi consideración.
3. **Honestidad.** Si los primeros valores tratan de los demás, este se refiere a uno mismo: transmitir lo que creemos que es verdad, para lo bueno y lo malo, en todo momento. Sin esa actitud, los dos puntos anteriores se resienten.

Sin estos valores la relación no puede funcionar, se convierte en tóxica. Sin embargo, las parejas elaboran habitualmente narraciones erróneas para soportar las situaciones adversas en el tiempo o para terminar la relación antes de lo necesario. Hay que explorar la capacidad de negociar con la realidad, de enfrentarse a lo diferente, más allá de la propia zona de confort, para conseguir la mayor complicidad y satisfacción.

Emprender es un diálogo, es decir, un proceso dialéctico en el que mediante el antagonismo y la colaboración se van superando estadios de dificultad progresiva hasta conseguir objetivos buscados, como el beneficio. Llamamos a esta manera de entender el diálogo *dialéctica emocional* por la importancia de tener en cuenta en el proceso las emociones positivas y de inteligencia emocional. Es posible una dialéctica negativa que busque confrontarse con el interlocutor y destruirlo, pero ese es un propósito estéril que no ocupa lugar en la búsqueda de la verdad y en hacer de este mundo un lugar mejor.

3. El diálogo es un intercambio de valor

Sin preguntas no se puede entender nada. Las personas que no se hacen preguntas o que no preguntan a otros lo que no entienden acaban sin saber nada. Para pensar hay que saber y para saber hay que hacer preguntas. Todo pensamiento crítico empieza siempre por una sencilla pregunta. Hay que tener suficiente criterio para hacer las preguntas correctas y también la necesaria osadía para hacer las incorrectas, las que nadie se atreve a hacer o que van a disgustar pero que aportarán más conocimiento que las demás.

El diálogo está formado por un intercambio de enunciados que contienen mensajes, es decir, información. Si no contienen nada aprovechable, son puro ruido, blablablá. Por tanto, todo enunciado, para poderse intercambiar, necesita un valor de uso informacional; de lo contrario, la transacción fallará. El diálogo es un intercambio de valor, una interacción económica, informativa y energética. Si no hay valor ni expectativa de ganancia, es decir, de obtener un diferencial respecto a donde estábamos antes, el diálogo cesa porque no es fructífero. Incluso para las conversaciones más desinteresadas e inútiles se intercambia valor, como el placer de una conversación.

El diálogo se ejecuta esencialmente a través de preguntas y respuestas. Lo primero es cuestionar las mismas preguntas, especialmente si las hace otro; estar totalmente seguros de que las entendemos y de que son pertinentes.

«PENSAR NO ES HACER CIENCIA, PERO TAMPOCO OPINAR».

Se debe evitar, como nos aconseja Richard Paul, tanto el absolutismo dogmático, que practican los que intentan limitar las preguntas a una diatriba sobre hechos, como el relativismo subjetivo, que emplean quienes, por el contrario, reducen todo a opiniones personales. Hay que decirlo alto y claro: pensar no es hacer ciencia, pero tampoco opinar. En cualquier caso, la ciencia resulta un producto de la filosofía y no es incompatible con ella. En cambio, la opinión siempre ha sido el enemigo de la filosofía. Pensar es algo contrario a la opinión y a la demagogia y no sustituye a la ciencia, sino que la complementa cuando no hay evidencias y estamos ante la incertidumbre. Pensar consiste en llegar a conclusiones propias, argumentadas; no en hacer juicios no contrastados, no suficientemente construidos o liderados por emociones negativas o prejuicios ni, menos aún, en asumir opiniones de otros.

Pensar es preguntar. Y se empieza pensando por la pregunta. Paul distingue entre preguntas analíticas que son aquellas, que cuestionan el razonamiento —las hemos visto en los capítulos 7 y 8— y las evaluativas, que pretenden determinar al valor de algo —las que veremos en los capítulos 12 y 13—.

«SE EMPIEZA PENSANDO POR LA PREGUNTA».

No solo es importante la capacidad de hacer buenas preguntas en abstracto, sino según el contexto. No es lo mismo defender una tesis, donde inevitablemente escogeremos una estrategia de defensa ante las posibles preguntas, que encontrarnos en el lado contrario, analizando la tesis de otro. Tampoco es lo mismo estar ante un debate público, donde existe una motivación de sobresalir y vencer argumentativamente a los oponentes, que buscar una solución para un problema acuciante discurriendo con expertos. La estrategia en cómo enfocamos un diálogo depende completamente del contexto. Por ejemplo, los interrogatorios policiales utilizan técnicas más agresivas, como el método REID, cuando se busca la autoconfesión de un culpable, o más conciliadoras, como el método, PEACE cuando se intenta no presionar al detenido.

Además de las ya vistas, existen otras tipologías de preguntas, muchas de las cuales no tienen un efecto sobre las respuestas; por ejemplo, si la pregunta es directa o indirecta, no tiene mayor relevancia. Los dos tipos más importantes son las respuestas abiertas y las cerradas.

4. Jugando a preguntar

Para hacer buenas preguntas hay que dominar algunas habilidades:

- **Escucha activa.** Consiste en ser capaces de analizar lo que nos dicen como un texto, recordando lo esencial, y poder detectar lo que no se ha dicho o solamente de manera ambigua.

- **Locución efectiva.** Es la capacidad de hablar estructuradamente y de ser comprendido con la mayor exactitud posible.
- **Comprensión lectora avanzada.** Consiste en ser capaces, en general, de leer textos y comprenderlos desde los puntos de vista de la forma y del fondo, de la lógica formal y de la hermenéutica, como veremos más adelante.
- **Escritura efectiva.** Consiste en ser capaces de redactar con claridad, de manera estructurada y lo más neutra posible.

Si dominamos estas habilidades esenciales, podremos hacer buenas preguntas oralmente o por escrito e incluso tener diálogos constructivos. Debemos dialogar con una dualidad mental. Mientras ejecutamos la conversación, hemos de ser capaces al mismo tiempo de analizar lo que nos dicen y de redactar lo que vamos a decir dentro de nuestra táctica conversacional para obtener los resultados esperados. Necesitamos ser capaces de hacer comentarios de texto mentales casi instantáneos.

Aquí no hablamos de retórica ni de persuasión, aunque sea prácticamente imposible separar esto en una conversación, sino que nos centramos en la comprensión y en la interrogación.

El arte de hacer preguntas siempre dependerá de cuánto conocimiento previo de la conversación tengamos sobre nuestro interlocutor y el tema en cuestión. Todas las preguntas que se refieran a esa clarificación anterior están fuera del diálogo; por ejemplo, en un debate político anteriormente se acuerdan unas reglas y se comparten unas informaciones y posteriormente se realiza el diálogo. Pero puede haber otro escenario posible; por ejemplo, la lectura de una tesis en la universidad, donde los miembros del tribunal habrán leído previamente la contribución del alumno y posteriormente a la defensa oral de este le harán preguntas lo más insidiosas posibles incluso independientemente del resultado. Las cuestiones de los profesores irán a buscar explicaciones ulteriores a los puntos débiles o justificaciones a los errores. Este modelo se parece más a lo que queremos conseguir cuando hacemos preguntas. Lo mismo ocurre cuando nos las hacemos a nosotros mismos. Debemos ser lo suficientemente honestos y valientes o ser conscientes de por qué no podemos ir al fondo de la cuestión por algún bloqueo determinado.

La primera distinción básica a la hora de hacer preguntas es si son abiertas o cerradas. Las primeras exigen una respuesta descriptiva como ¿Cuál es la causa del cambio climático?, mientras que las segundas piden una respuesta concreta, un sí o un no, como en ¿Te ha gustado la película? Podríamos añadir un tercer tipo, las implícitas, que dan por sabidas las respuestas, como en ¿Seguro que lo has oído bien? La gran mayoría de veces las preguntas se clasifican según el contenido o según su intencionalidad, lo que no aporta mucho a una clasificación objetiva de cuestiones.

También existen las llamadas *preguntas poderosas* del *coaching,* que van encaminadas especialmente al cambio de comportamiento personal. Son muy importantes, pero no para el conocimiento. Desde el punto de vista del pensamiento crítico, Paul divide las preguntas en analíticas y evaluativas. Las primeras preguntan para conseguir mayor conocimiento o comprobar un razonamiento, mientras que las segundas buscan conocer el valor de algo o discernir actitudes. También a la hora de hacer preguntas es importante perder ese egocentrismo que solo se esfuerza por conseguir los propios intereses y validar las propias tesis y, en cambio, ser racionalistas intentando entender las cosas como son y respetando los puntos de vista de los demás. Existen otros ismos que forman parte de los supuestos que tenemos y que debemos evitar en el diálogo o, como mínimo, ser conscientes de ellos, como ocurre con el etnocentrismo, que nos hacer preferir nuestra cultura a la de los demás, o el androcentrismo, que nos lleva a perseverar en un sesgo de género. Mucha de la tradición del pensamiento crítico y la gran mayoría de las escuelas de *coaching* mitifican el diálogo socrático como una conversación dirigida que busca explorar en profundidad un tema haciendo que sea el interlocutor el que llegue a las conclusiones necesarias. Sin embargo, debemos ser muy conscientes de las extremadas limitaciones que nos ofrece un tipo de pensamiento como el de Sócrates, que data de hace 26 siglos, especialmente porque el método socrático presupone una superioridad del filósofo sobre los demás ciudadanos pensantes. Una disputa medieval es netamente superior, sobre todo porqué los que dialogan están al mismo nivel y, por tanto, representa un mejor modelo, aunque también ha llovido mucho desde entonces, por lo que cierto tipo de cuestionamientos solo pueden hacerse con éxito por escrito con análisis textuales precisos, como veremos más adelante.

Hemos visto en la fuerza de la duda cuán importante es tener una actitud abierta para cuestionarse uno mismo. Para realizar preguntas a los demás, también es perentorio tener unos principios reguladores. Paul nos sugiere los siguientes:

- **Humildad intelectual.** Actuar con la prudencia que exige saber que no lo sabemos todo.
- **Valor intelectual.** Cuestionar nuestras más arraigadas creencias como acto profiláctico.
- **Empatía intelectual.** Escuchar, comprender y valorar las motivaciones de los que sostienen el punto de vista contrario, aunque no lo aceptemos.
- **Integridad intelectual.** Someterse a los mismos criterios que exigimos a los demás.
- **Perseverancia intelectual.** Perseverar ante la frustración que provoca la resolución de temáticas complejas.
- **Confianza en la razón.** Seguir la racionalidad como criterio de cambio de posición intelectual evitando hacerlo por emociones o intereses.
- **Autonomía intelectual.** Hacer autocrítica incluso cuando adoptamos posiciones basadas en la racionalidad.

Las preguntas generan nuevas preguntas. Preguntar es una actividad infinita, por lo que se debe ser económico y saber cuándo hay que parar. Siempre hay que ir al grano y, desde luego, hacer las preguntas más precisas y menos retóricas posibles.

5. La quinta fuerza: Dialogar

La fuerza del diálogo trata de romper el paradigma del solipsismo, que es el que nos convence de que los demás no saben nada. Más que admirando a Sócrates, como mínimo debemos inspirarnos de la disputa medieval basada en el debate argumentativo racional, en una dialéctica evolucionada. Creemos erróneamente que los demás nada pueden aportarnos porque nosotros somos superiores. Nosotros hemos de tener la iniciativa de empezar el diálogo con la acción de romper el hielo. Lo hacemos con la curiosidad de saber qué dicen los demás utilizando el método de la dialéctica emocional para dialogar de manera inteligente y con resultados positivos, constructivos. El conocimiento se construye con los demás colectivamente, pero debemos creer en ello empáticamente. De manera parecida a la cocreación en innovación, solos vamos más rápidos pero juntos vamos más lejos. No es fácil encontrar al interlocutor adecuado, pero necesitamos a los otros para pensar. Tenemos que escoger a nuestros interlocutores con extremo cuidado tanto si son mentores como profesores o amigos. Ante una objetividad imposible, lo único que queda es una intersubjetividad sabia. Como dice Felipe García, fundador y *Chief Scientist Officer* (director científico) de Knowdler, gran experto en inteligencia artificial colectiva, los demás siempre saben algo que tú no sabes: «lo que tú sabes que yo no sé y lo que yo sé que tú no sabes» potencia el conocimiento y el pensamiento colectivo. Se empieza por el monólogo o diálogo interior y se pasa al diálogo con personas con las que es posible construir algo nuevo y cambiar la propia perspectiva.

Tabla 9.2. La fuerza del diálogo

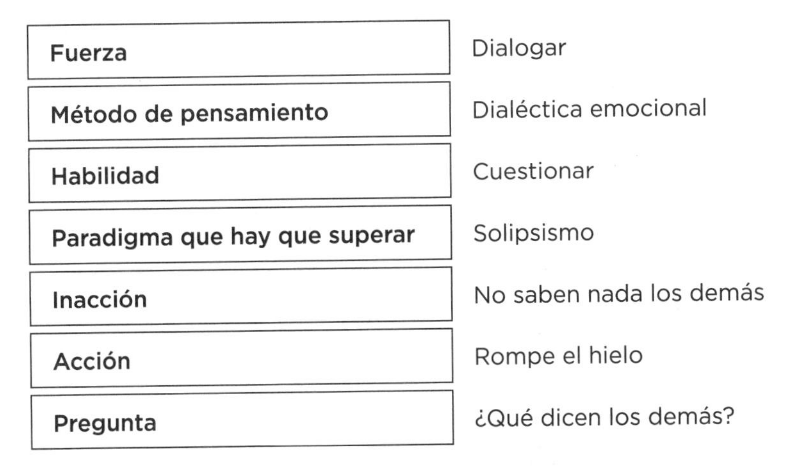

Fuerza	Dialogar
Método de pensamiento	Dialéctica emocional
Habilidad	Cuestionar
Paradigma que hay que superar	Solipsismo
Inacción	No saben nada los demás
Acción	Rompe el hielo
Pregunta	¿Qué dicen los demás?

Gráfico 9.3. La fuerza del diálogo

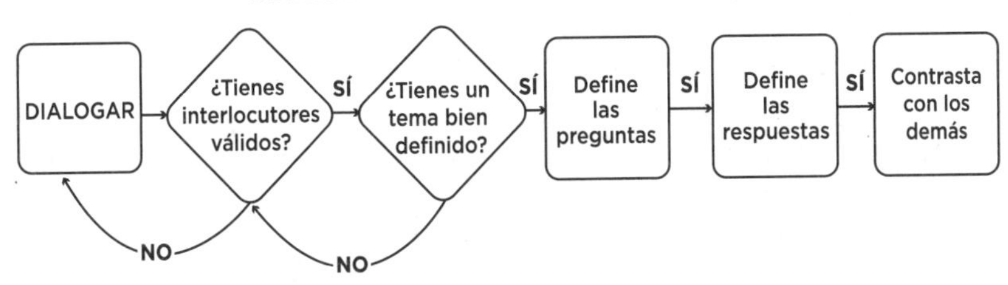

EJEMPLO

Cuando tenemos un tema polémico, como el que hemos visto de la pena de muerte, el diálogo es enriquecedor. También supone una manera de saber más, de aumentar el conocimiento. Los partidarios y detractores de la pena de muerte debaten sus argumentos. Esta relación dialéctica puede servir para negociar y llegar a un acuerdo, como suele pasar con los parlamentos democráticos, que son la institución del diálogo y del debate social para intentar llegar a acuerdos normativos propuestos por el Gobierno. El diálogo implica empatía y, por tanto, asumir siempre alguno de los razonamientos de la parte contraria como aceptables. Por ejemplo, la prisión permanente revisable es un evidente acuerdo entre los partidarios de la cadena perpetua y los de la reinserción social incluso para delitos graves.

EJERCICIOS

Para ejercer la fuerza del diálogo con eficacia dentro del proceso de transformación y que cuestionar funcione, tienes que definir a dónde quieres ir. Los siguientes ejercicios de autoconocimiento debes hacerlos por escrito. Te harán reflexionar y podrás responder a las preguntas que siguen:

1. **Interlocutores.** Haz una lista con cuatro interlocutores que te puedan ayudar a realizar tu proyecto.
2. **Temas.** Haz una lista con cuatro temas principales que te gustaría hablar con ellos.
3. **Preguntas.** Haz una lista con cuatro preguntas sobre tu proyecto que te gustaría hacerles.
4. **Respuestas.** Haz una lista con las cuatro respuestas que darías a las preguntas que te gustaría hacer a tus interlocutores en caso de que fuera otro quien las hiciera.

5. Prioriza todas las listas y escoge el elemento más importante para ti de cada una. Redacta un texto que lo resuma todo, lo más breve posible, titulado Diálogo.
6. Añade este texto al que has hecho en los capítulos anteriores en el mismo documento.

PREGUNTAS

Responde a las siguientes preguntas de autoafirmación ayudándote con las listas que has hecho anteriormente.

- ¿Cuáles son los temas que me preocupan?
- ¿Quiénes son los otros?
- ¿Qué quieren los otros?
- ¿Qué aportan los otros?
- ¿Cómo me pueden ayudar los otros a conseguir mis metas?
- ¿Qué no sé que otros saben?
- ¿Quiénes saben más que yo?
- ¿Cómo puedo saber lo que no sé?
- ¿Cuáles son las preguntas que quiero hacer?
- ¿Cuáles son las respuestas que quiero oír?

10

FUERZA 6: RAZONAR. RAZONA Y SUPERA LA INCOHERENCIA

1. Los murciélagos y el método científico. ¿Es el experimento importante para el pensamiento?

Los murciélagos antes del siglo XVIII eran extrañas criaturas —aun lo siguen siendo—, mamíferos para mayor detalle, que vuelan con extrema precisión en la oscuridad sin chocar con ningún obstáculo. Un científico italiano, Lazzaro Spallanzani, empezó a observarlos hasta que se dio cuenta de que se desorientaban si no podían oír. Para poder probar su hipótesis de que el sonido tenía que ver con su orientación en el vuelo, el bueno de Spallanzani quemó los ojos a varios especímenes en aras de la ciencia y comprobó que podían volar como siempre, sorteando todos los objetos. Su hipótesis se convirtió en la una versión primigenia de la teoría de la ecolocalización. Pero no fue hasta 1938, gracias al instrumental electrónico, cuando Donald Griffin pudo certificar que los murciélagos emiten ultrasonidos con la laringe que rebotan en los obstáculos volviendo a los oídos con un mapa de situación. Spallanzani demostró también que la teoría de la generación espontánea por la que se creía que la vida surgía de la no vida era falsa. Aún actualmente hay gente que cree que en el poso del vinagre se crean microorganismos a medida que pasa el tiempo. La ciencia avanza con razonamientos lógicos, primero hipotéticos y luego ciertos, después de haber encontrado las pruebas necesarias o los experimentos oportunos que contrasten los hechos. La búsqueda de hechos, datos o argumentos que invaliden las hipótesis es igualmente importante para el pensamiento. La prueba y la experimentación son posibles a través del razonamiento iterativo y del diálogo con preguntas de control. El pensamiento crítico es necesario en la ciencia y el método científico, uno de sus recursos importantes.

2. Evaluar argumentos con la lógica de predicados

Aristóteles escribió un conjunto de libros de lógica que están en el origen y fundamento de la lógica formal moderna agrupados bajo el nombre *Organon: De las categorías*, *Peri Hermeneias* (De la interpretación), *Primeros analíticos* (Del silogismo), *Segundos analíticos* (De la demostración), *Tópicos*, (De la dialéctica) y *Refutaciones sofísticas* (De las falacias).

Existen unas reglas de enunciación y, por tanto, unas normas de lo que se puede pensar y decir con corrección y validez, no todo vale. Hay cosas falsas; no solo en el fondo, sino por la forma del enunciado. Además de utilizar contenidos verdaderos, se trata de emplear la lógica de la argumentación de manera correcta. Hay cosas que no tienen sentido. Las argumentaciones pueden ser falaces —«sofismas» decía Aristóteles— o estar mal construidas, incluso por gente buena o bienintencionada, y provocar enormes estragos.

Aristóteles va más allá de esa vocación de taquígrafo de Platón que reproduce los diálogos socráticos o de cuando adopta el diálogo como género literario expositivo de algunas de sus teorías. Para Aristóteles pensar fue primero pensar dialogando y caminando y después, escribir tratados. El aristotelismo tiene voluntad de llegar a ser ciencia, conocimiento verdadero, y para ello usa el estilo axiomático extraído de los *Elementos* de Euclides. La lógica de Aristóteles se denomina *silogística.* Los silogismos son enunciados o proposiciones encadenadas que sirven para argumentar lógicamente. Hay dos premisas y una conclusión. Por ejemplo:

a) Premisa mayor: Todos los hombres son libres
b) Premisa menor: Sócrates es un hombre
c) Consecuente: Sócrates es libre

Cada enunciado está formado por tres elementos llamados *términos:* sujeto, predicado y medio. En el anterior ejemplo el término medio (M) es «hombre/s», el predicado (P), «libre/s» y el sujeto (S), «Sócrates». Formalizado quedaría:

MP
SM
—-
SP

La regla principal del silogismo es que el término medio no puede aparecer en la conclusión, con lo que hay solo cuatro posibles combinaciones de SMP:

MP PM MP PM
SM SM MS MS
—- —- —- —-
SP SP SP SP

También se tiene en cuenta la cantidad a la que se refieren los enunciados: todos, nada o alguno.

Tabla 10.1. Clases de silogismos

Clase	Tipo	Ejemplo
A	Universal Afirmativo	Todos los hombres son mortales
E	Universal Negativo	Ningún hombre es mortal
I	Particular Afirmativo	Algún hombre es mortal
O	Particular Negativo	Algún hombre no es mortal

Dado que hay 64 combinaciones posibles de cuantificación agrupadas siempre en tres términos, multiplicadas por las cuatro combinaciones de SMP, tenemos un total de 256 silogismos posibles, pero solo 19 son válidos o, dicho de otra manera, 237 silogismos (el 92 % de todos) son falsos. Esto quiere decir que vivimos en un mundo de falsedades *(fake news)* desde siempre porque es más fácil por error o por mala intención hacer razonamientos falsos que verdaderos.

Los silogismos erróneos son las llamadas *falacias*. Por ejemplo:

a) Aristóteles era filósofo
b) Aristóteles era griego
c) Todo filósofo es griego

La conclusión es claramente falsa. Para detectar las falacias con mayor facilidad es mejor conocer todas las reglas del razonamiento silogístico:

- Un silogismo siempre debe operar basándose en tres términos.
- La premisa menor no puede ser a la vez la conclusión ni estar contenida en ella.
- La premisa mayor ha de ser siempre universal. De premisas menores no puede darse una conclusión verdadera.
- La conclusión no puede ser más universal que las premisas.
- De premisas negativas no puede obtenerse una conclusión.
- Una conclusión negativa no puede obtenerse de premisas afirmativas.
- Las premisas deben tener términos comunes.
- La conclusión no puede versar sobre temas no contenidos en las premisas.

Los silogismos son válidos actualmente. Se pueden representar con la lógica de predicados —ya nadie habla de *silogística*—, que se estudia en la universidad, o también se puede visualizar con los diagramas de Venn, utilizados para ilustrar la teoría de conjuntos. La lógica de predicados nos permite evaluar la corrección de muchos argumentos. En muchos test de pensamiento crítico, además de la validez, también se exige cierta cuantificación de los argumentos, si son fuertes o débiles, que se debe medir siempre en función del contexto.

3. Rehuir del sentido común

«El sentido común es el menos común de los sentidos». Esta es una bonita frase para decir cuando alguien es incoherente con algo sencillo, pero no es nada científico eso del sentido común ni tiene nada que ver con la lógica. Muchas veces las creencias o los hábitos comunes hacen que problemas simples no se puedan resolver. No resulta posible definir formalmente algo como el «sentido común». Es como hablar de alma en el siglo XXI. No podemos fiarnos de nada que se considere sentido común; hay que utilizar el razonamiento para llegar a conclusiones correctas. La ciencia y, por tanto, el conocimiento, no se basan en el sentido común. La física cuántica no resulta intuitiva ni puede entenderse con algo como el sentido común, pero no por ello es falsa. Gran parte del conocimiento avanzado y de las soluciones a problemas complejos son contraintuitivos, por lo que el sentido común se convierte en un obstáculo.

El pensamiento consiste fundamentalmente, como hemos visto anteriormente, en la construcción y deconstrucción de discursos. Es a través de la producción de los enunciados que conforman los discursos donde utilizamos la capacidad racional más elevada, el juicio. La acción humana racional está basada en juicios, mientras que la acción humana no basada en juicios es irracional. Lo irracional no es el descontrol, no es locura; es racionalidad sin juicio. Se trata de la misma lógica que la racionalidad, pero con premisas falsas y argumentaciones mal construidas.

Juzgar es valorar sobre la verdad y la validez argumental, es analizar y generar enunciados correctos en su forma y en su fondo; es prescindir de la capacidad del lenguaje para mentir o engañar. Si digo «Todos los hombres son malos», mi capacidad de juicio buscará conocimientos concretos para verificar no solo la verdad del enunciado, sino también si la argumentación resulta formalmente correcta, si está bien construida. En este caso, ya que por experiencia propia, así como por información objetiva recogida, concluimos que los hombres son y no son malos, el cuantificador universal «todos» hace falso el enunciado. Hay que preguntarse:

- ¿Está bien formado el juicio? (descartar que sea una falacia).
- ¿Es válido? (que no verdadero).
- ¿Es verdadero? (hay ejemplos que lo demuestren).
- ¿Tiene sentido? (aporta algo).
- ¿Hay al menos un argumento que lo invalidaría? (es totalitario/holístico).
- ¿Alguien se verá perjudicado?

La lógica nos ayuda en la tarea de discernir estas cuestiones. Hay que evitar el equívoco sentido común, causa de los mayores errores de razonamiento, porque la verdad no suele ser evidente. Debes rehuir de todas las falsas ideologías del flujo y del foco de la acción humana y pararse a pensar; de lo contrario, los que han pensado antes que tú te arrollarán y vivirás en su discurso sin saberlo. La gran habilidad del pensamiento consiste en diferir el flujo de la acción presente y replantearse las cosas.

El pensamiento nos ha de ayudar a analizar los argumentos de los discursos en el fondo y en la forma usando la crítica y la duda y generando tolerancia ante los discursos diferentes o incluso opuestos. Si los discursos están abiertos a la crítica, es decir, al cambio, a asumir el error y corregirlo, o a cambiar argumentos sin sentido o falaces, se puede dialogar y construir acción social positiva desde la cooperación, o desde la competencia, evitando el conflicto destructivo.

No puede haber diálogo ni convivencia sin apertura discursiva, sin estar abierto a argumentos contra fácticos que puedan hacer cambiar nuestras creencias. Al menos tiene que existir un argumento capaz de anular nuestro discurso como falso; lo contrario, un discurso cerrado, holístico, constituye una imposición poco explicativa y solo puede llevar a la destrucción de lo diferente. Se trata de un discurso para imponer: o lo tomas o lo dejas, pero, si lo dejas, serás mi enemigo. Es una producción social instrumental que parte de un discurso que tiene su correlato no enunciativo en instituciones altamente organizadas y disciplinadas cuyos individuos han suspendido su capacidad de juicio y actúan como *followers* incondicionales y violentos.

Los principios sobre los que se basa la lógica son tres:

- **Principio de identidad: A = A (A↔A).** Toda proposición es verdadera si y solo si ella misma es verdadera.
- **Principio de no contradicción: ¬(A∧¬A).** Una proposición y su negación no pueden ser ambas verdaderas al mismo tiempo y en el mismo sentido. Lo que implica una contradicción es falso.
- **Principio del tercero excluido: (A∨¬A).** Si existe una proposición que afirma algo y otra que lo contradice, una de las dos debe ser verdadera y no es posible una tercera opción.

4. Evaluar deducciones con la lógica de enunciados

La parte crucial del pensamiento es la evaluación de los argumentos, deducciones e inferencias.

Entendemos por *argumento* un razonamiento completo, como hemos visto (lógica de predicados). Sabemos cómo distinguir los argumentos formalmente correctos y los engañosos. En cambio, las deducciones y las inferencias las encontramos en las premisas. Las inferencias son deducciones que parten de la experiencia, como ya hemos visto, pero las deducciones son inferencias lógicas.

Podemos evaluar las deducciones con la llamada *lógica de enunciados*. Cada enunciado o proposición es una variable en la notación formal. Habitualmente se utilizan las letras p, q y r. Cualquier frase puede ser p, como «Hoy sale el sol». Las maneras en las que se pueden relacionar los enunciados determinan sus operaciones lógicas de: negación (¬), conjunción (∧), disyunción (∨), condicional (→) y bicondicional (↔). Por ejemplo:

- «Hablo» = p ; «No hablo» = ¬ p
- «Estudié y aprobé» = p ∧ q ; «Estudié, pero no aprobé» = p ∧ ¬ q

- «Pueden enviarme un correo electrónico o un SMS» = $p \lor q$
- «Si no ganamos el partido, descenderemos de categoría» = $\neg p \rightarrow q$
- «Haremos el examen únicamente si asisten todos los alumnos» = $p \leftrightarrow q$

Cada una de las operaciones lógicas viene asociada a una tabla de verdad:

Tabla 10.2. Verdad de dos variables positivas

P	Q
V	V
F	F

Tabla 10.3. Verdad de una variable positiva y otra negativa

P	¬ Q
V	F
F	V

Tabla 10.4. Verdad de la conjunción

P	Q	P ∧ Q
V	V	V
V	F	F
F	V	F
F	F	F

Tabla 10.5. Verdad de la disyunción

P	Q	P ∨ Q
V	V	V
V	F	V
F	V	V
F	F	F

Tabla 10.6. Verdad del condicional

P	Q	P → Q
V	V	V
V	F	F
F	V	V
F	F	V

Tabla 10.7. Verdad del bicondicional

P	Q	P ↔ Q
V	V	V
V	F	F
F	V	F
F	F	V

Para entender mejor qué significan las tablas de verdad, nos centraremos en el caso del condicional. Si decimos «Si llueve la casa está mojada», admite la posibilidad de que esté mojada aunque no sea por la lluvia, es decir, «No es verdad que llueve, está mojada la casa» es verdadero, donde p es condición suficiente, pero no también necesaria. Los demás casos son comprensibles: «No es verdad que llueve, no es verdad que está mojada la casa» es verdadero y «Es verdad que llueve, pero no es verdad que está mojada la casa» es falso. Diferente es el uso del bicondicional: «(Si y solo si) llueve la casa está mojada» quiere decir que lloviendo es el único caso en el que puede mojarse la casa. Aquí sí es condición necesaria. En el condicional y el bicondicional vemos muchas de las deducciones que realizamos habitualmente y nos tienen que servir para evaluarlas. El lenguaje natural que utilizamos todos los días es más ambiguo y complejo que el lenguaje formal de la lógica. La lógica nos ayuda en la forma, pero veremos que hay técnicas para evaluar el contenido.

Más allá de estas simples operaciones de la lógica de enunciados existen reglas de deducción más complejas que nos permiten comprobar con mayor sofisticación las argumentaciones.

5. El método científico

No está opuesto al pensamiento o a la filosofía. La ciencia es un producto de la filosofía que tiene la virtud de establecer teorías de conocimiento cierto. La filosofía trabaja donde la ciencia no puede; sin embargo, el pensamiento crítico debe utilizar la metodología de la ciencia para evitar los mayores desastres. La ciencia es un producto de la actitud del pensamiento crítico.

Existen dos orientaciones principales para hacer ciencia, que normalmente se complementan: la deducción y la inducción. La primera tiene que ver con teorías matemáticas que parten de lo universal a lo particular y son capaces de predecir consistentemente los fenómenos objeto de estudio, mientras que la inducción parte de lo particular a lo general, de la observación de los hechos a la generalización de patrones; es la parte experimental de la ciencia.

La teoría especial de la relatividad la formuló matemáticamente Einstein y fue probada principalmente por tres experimentos: Michelson-Morley, Kennedy-Thorndike e Ives-Stilwell. La teoría de Newton calculaba las órbitas de los planetas correctamente, pero había una anomalía que no podía explicar: una discrepancia de 43" en el cálculo del perihelio de Mercurio. Solo ese nimio error de cálculo, ese contraejemplo, ponía en duda la teoría de Newton, demostrando que la fuerza gravitatoria solar no disminuye con el cuadrado de la distancia. La teoría de la relatividad general sustituyó la teoría newtoniana con un nuevo concepto de gravedad más potente que permitió ya desde el inicio realizar correctamente el cálculo del perihelio de Mercurio porque consideró que su órbita tenía lugar en un espacio-tiempo curvo.

«UNA TEORÍA CIENTÍFICA DEBE PODER CONVERTIRSE EN FALSA».

Las teorías científicas no intentan explicar todos los fenómenos de su objeto de estudio sino solo algunos. Si tenemos una teoría que lo explica todo, una teoría holística, en realidad no explica nada; su valor informativo es cero. Para que una teoría sea científica ha de poder explicar un fenómeno concreto y acotado, en definitiva: si existe algún contraargumento o un hecho que no pueda explicar el fenómeno descrito, la teoría cae como falsa. El gran estudioso de la metodología de la ciencia Karl Popper nos enseñó con su teoría del falsacionismo que una teoría científica debe poder convertirse en falsa si se consigue desmontar algunos de los argumentos, mediciones o hechos sobre los que se sustenta, como hemos visto que pasó con la teoría de la gravedad de Newton.

En el diálogo o en las argumentaciones el método científico también nos tiene que guiar para el rigor intelectual de pensar. La teoría de los alienígenas ancestrales no es científica porque no se puede utilizar como explicación de una serie de fenómenos arquitectónicos o artísticos de la antigüedad en virtud de un hecho que no ha sido contrastado, a saber, la existencia de los alienígenas. Por mucha fe que tengan algunas personas en este tipo de explicaciones, no existe evidencia alguna, fiable, contrastable y de dominio público al respecto y, por tanto, es falsa.

«EL RIGOR CIENTÍFICO ES LA ÚNICA CORDURA ANTE LA IRRACIONALIDAD».

El rigor científico es la única cordura ante la irracionalidad de las creencias donde todo vale y ante las teorías conspiranoicas. Si uno acepta cualquier cosa sin pruebas, está perdido y es fácilmente manipulable. Uno puede creer en lo que quiera mientras no vaya en contra del conocimiento contrastado. Se podrá criticar muchas cosas de la ciencia, como que hay cosas que se investigan y otras no porque la ciencia está inscrita a programas de investigación que son financiados por los poderes públicos o privados con intereses concretos, pero lo que importa es el método. Tiene un método racional que nos da la seguridad de conseguir unas explicaciones ciertas, aunque sean provisionales. No hay progreso sin ciencia, sin el avance del conocimiento.

6. Detectar falacias y discursos nocivos

Las falacias son razonamientos falsos. Los sofistas en la antigua Grecia se distinguieron por su habilidad para elaborar discursos engañosos. Entre ellos destaca Gorgias, un escéptico radical que nos dejó unas tesis engañosas precursoras de la demostración conocida como *reducción al absurdo:*

- Nada existe.
- Si algo existiera, no podría ser conocido por el hombre.
- Si algo existente pudiese ser conocido, sería imposible expresarlo con el lenguaje a otro hombre.

Muchos razonamientos, como hemos visto con la lógica de predicados, son falacias lógicas, también llamadas *formales,* pero hay de muchos otros tipos. Las más frecuentes en las conversaciones son las falacias de tipo retórico. La retórica no busca la verdad, sino persuadir y convencer. Estas son falacias externas al razonamiento donde uno de los dialogantes se intenta imponer al otro descalificándolo con cualquier argucia. Lo vemos con frecuencia en los debates políticos y en los medios de comunicación. La gran mayoría busca el perjuicio de los contrincantes en una conversación para deteriorar sus argumentos con amenazas, ridiculizando a los adversarios, repitiendo falsedades o apelando a pruebas falsas o inmemorables. Cuando herimos a la autoridad perjudicamos todo lo que emana de ella, sea cierto o no:

- **Petición de principio.** Se trata de una falacia que se caracteriza por contener la conclusión del argumento que hay que probar implícita o explícitamente dentro de las propias premisas. Es una forma de razonamiento circular donde la conclusión se remonta a la premisa. Por ejemplo: «Yo tengo la razón porque soy tu madre y las madres siempre tienen la razón».

- **Afirmación del consecuente.** También llamada de *error inverso,* esta falacia asegura la verdad de una premisa a partir de una conclusión yendo contra toda lógica. Por ejemplo: «Siempre que nieva hace frío. Como hace frío, está nevando».
- ***Post hoc ergo propter hoc.*** Esta falacia, que quiere decir «después de esto o a consecuencia de esto» y también se conoce como *correlación coincidente* o *causalidad falsa,* atribuye una conclusión a una premisa por el simple hecho de que ocurran de manera sucesiva. Por ejemplo: «El sol sale después de que canta el gallo. Por tanto, el sol sale debido a que canta el gallo».
- **Argumento *ad consequentiam.*** Esta falacia consiste en evaluar la veracidad de una premisa a partir de lo deseables o indeseables que sean sus conclusiones o consecuencias. Por ejemplo: «No puedo estar loco porque, si lo estuviera, no podría hablar contigo».
- **Argumento *ad ignorantiam.*** Afirma la validez o la falsedad de una premisa a partir de la existencia o de la falta de pruebas para demostrarlo. La argumentación se fundamenta no en el conocimiento efectivo, sino en la ignorancia propia o del oponente. Por ejemplo: «No se puede probar que Dios existe. Por tanto, Dios no existe».

No es el objeto de este libro ser exhaustivo en este aspecto, pero es importante conocer el máximo de falacias posibles y saberlas reconocer. También existen otros discursos igualmente incompatibles con el pensamiento crítico y que suelen estar vinculados a grupos sociales organizados o a instituciones. Las organizaciones intentan maximizar la reproducción de sus discursos para que sean adoptados por la mayor gente posible. Este tipo de prácticas discursivas son expresión de un poder que intenta controlar a sus adeptos para conseguir unos fines determinados explicitados o no:

- **Opinática.** Las opiniones no pueden sustituir el pensamiento. Todo el mundo las tiene, pero no podemos confundirlas con el pensamiento elaborado. Son enunciados que no se han sometido ni a la duda ni a la crítica ni a ninguna validación argumental o de informaciones. No se puede construir nada serio sobre las opiniones.

- ***Karaoke thinking.*** Es el pensamiento repetitivo propio de la gente dogmática y de los *followers*. Discursos elaborados por las fábricas de pensamiento son reproducidos por personas que los han asumido acríticamente y que, por tanto, no están dispuestas a investigar y validar argumentos. Cuando las personas suspenden el juicio, lo hacen por una intencionalidad práctica.
- **Pensamiento acientífico.** Es el pensamiento mágico y paracientífico. A pesar de mantener una coherencia formal, no deja de ser un conjunto de creencias articuladas sin prueba científica o sin razonamiento lógico.
- **Pensamiento único.** Suele darse en grupos muy cerrados capaces de controlar a todos los seguidores, incluso de manera violenta. Quienes tienen este tipo de pensamiento son los más dogmáticos y no aceptan interpretaciones ni diálogo constructivo. Siguiendo el falsacionismo, todo discurso que no tenga un solo argumento que pueda invalidarlo completamente debe rechazarse de raíz.
- **Ideologías y religiones.** Se trata de los grandes discursos de la humanidad. Tienen poderosas instituciones a sus espaldas y generalmente no les gusta la libertad de pensamiento. El pensamiento crítico no puede sobrevivir sin libertad.

7. La sexta fuerza: Razonar

El cuarto límite del cubo lo representa la incoherencia, que nos lleva a pensar que «no tiene sentido lo que dicen los demás». Para vencerlo tenemos la fuerza del razonamiento, que utiliza el método de la lógica formal y nos permite responder a la pregunta ¿la solución es coherente? cultivando la habilidad de analizar textos en cuanto a la coherencia del mensaje. Razonar, la lógica, nos posibilita analizar las argumentaciones de los discursos y detectar y superar la incoherencia formal. Si partimos de premisas ciertas y la argumentación es formalmente válida, las conclusiones serán ciertas. Razonar nos deja descubrir los fallos de los discursos en general, especialmente las falacias, tan utilizadas por los políticos y en las redes sociales.

Siempre puede buscarse un sentido al sinsentido, aunque sea detectar una falacia con la que nos quieren engañar.

Tabla 10.8. La fuerza del razonamiento

Fuerza	Razonar
Método de pensamiento	Lógica formal
Habilidad	Analizar
Paradigma que hay que superar	Incoherencia
Inacción	No tiene sentido lo que dicen los otros
Acción	Descubre los fallos
Pregunta	¿La solución es coherente?

Gráfico 10.9. Algoritmo del razonamiento.

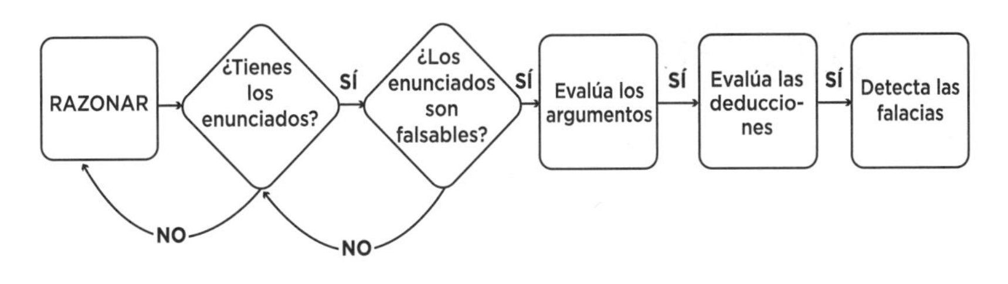

Un ejemplo clásico de falacia *(ad consequentiam)* lo encontramos en los argumentos de la National Rifle Association (NRA), el mayor *lobby* en defensa de la tenencia particular de armas en EE. UU.: «Lo único que detiene a un chico malo con un arma es un buen tipo con un arma», «Las armas no son el problema; las personas son el problema», «Las armas no matan a la gente; la gente lo hace», «Más armas, menos crimen». Sostener la veracidad de una afirmación por sus consecuencias no hace la premisa más real o verdadera. La falacia se sostiene sobre la manipulación de datos utilizando el indicador de crímenes violentos, más amplio, en vez del de asesinato por arma de fuego, lo que se compara con el aumento de la posesión de armas, dando la sensación así de una correlación de cuanto más armas, menos crimen. Pero en realidad en casi todos los países el ratio de asesinatos/portadores de armas está en 1.5, mientras que en EE. UU. se halla en 5.52, con lo que parece que, muy al contrario, «a más armas, más asesinatos». Según el estudio *The Relationship Between Gun Ownership and Firearm Homicide Rates in the United States, 1981-2010,* de Michael Siegel, Craig S. Ross y Charles King III, las conclusiones son muy claras: «La propiedad de armas es un predictor significativo de las tasas de homicidios de arma de fuego». Este modelo indicó que, «para cada aumento porcentual de 1 punto en la propiedad de la pistola, la tasa de homicidios de arma de fuego se elevó un 0.9 %». La manera de deconstruir una falacia es con el análisis formal y contrastando datos.

EJERCICIOS

Para ejercer la fuerza del razonamiento con eficacia dentro del proceso de transformación y que analizar funcione, tienes que definir a dónde quieres ir. Los siguientes ejercicios de autoconocimiento debes hacerlos por escrito. Te harán reflexionar y podrás responder a las preguntas que siguen:

1. **Supuestos.** Haz una lista con cuatro supuestos sobre los que se basa tu proyecto.
2. **Argumentos.** Haz una lista con cuatro argumentos que defiendan poderosamente tu proyecto.
3. **Contraargumentos.** Haz una lista con cuatro contraargumentos que harían fracasar tu proyecto.
4. **Conclusiones.** Haz una lista con cuatro conclusiones que puedes deducir de tu proyecto después de sopesar todos los argumentos.
5. Prioriza todas las listas y escoge el elemento más importante para ti de cada una. Redacta un texto que lo resuma todo, lo más breve posible, titulado Razonamiento.
6. Añade este texto al que has hecho en los capítulos anteriores en el mismo documento.

Responde a las siguientes preguntas de autoafirmación ayudándote con las listas que has hecho anteriormente:

- ¿Si no tiene sentido es que tiene truco?
- ¿Cuál es el sentido del sinsentido?
- ¿Las premisas son ciertas y verificables?
- ¿Las conclusiones son una consecuencia de las premisas?
- ¿Los razonamientos son progresivos y estructurados?
- ¿La argumentación es absurda o engañosa?
- ¿Cuáles son los contraargumentos?
- ¿Qué contraargumento validaría la verdad del enunciado o discurso?

11

FUERZA 7: COMPRENDER. COMPRENDE Y SUPERA LA IRRACIONALIDAD

1. El caso del hombre de los lobos. ¿Hay una cripta en la mente?

El caso más importante, documentado y controvertido de Freud fue el del denominado *hombre de los lobos*. El paciente, así llamado por sus sueños con estos animales, se llamaba Pankejeff y sufría una grave neurosis obsesiva, además de fobia a los animales y pesadillas recurrentes que le impedían llevar una vida normal. Freud lo psicoanalizó entre 1910 y 1920 e interpretó sus sueños concluyendo que estaban relacionados con un trauma de su infancia al haber visto a sus padres mientras hacían el amor. El lobo sería la representación del miedo al padre. Y supuestamente lo curó, pero en 1971 Pankejeff publicó sus propias memorias, *El hombre de los lobos por el hombre de los lobos,* donde desautorizó las interpretaciones freudianas de su sueño.

Años más tarde en 1976 los psiquiatras Nicolás Abraham y Maria Torok, quienes habían desarrollado una teoría del inconsciente familiar, publicaron *Cryptonymie: Le Verbier de L'homme aux loups,* la interpretación más brillante o incluso la resolución definitiva del sueño de Pankejeff. Estos autores, después de analizar a innumerables pacientes en el Hospital Psiquiátrico de París, concluyeron que algunos traumas se ocultaban intentando reprimir la vergüenza que provocaban, y ese secreto se transmitía durante generaciones. La manera de interpretar estos comportamientos y curarlos es a través del análisis del lenguaje, concretamente mediante sinónimos (criptónimos o sinónimos encriptados) que revelan la parte oculta. Estos traumas profundos y heredados que no se han superado se encuentran en una parte de la mente que estos autores llaman *la cripta* porque viven enterrados por los criptónimos. En el caso del hombre de los lobos descubrieron que el lobo era, en realidad, la hermana. El problema no era tanto la represión de la escena infantil como la ocultación de los secretos concernientes a su hermana mayor. Sabemos que la hermana intentó seducirlo de niño y luego de mayor se suicidó, lo que agravó los traumas infantiles del paciente. La hermana siempre fue la preferida paterna, y se sabe que tuvo una relación con el padre que ella compartió con su hermano, quien, sin ser consciente de lo que le decía —quizás por su edad—, lo siguió ocultando por la sospecha de su extrema gravedad, pero también disfrutando con la imaginación de la perversión secretamente, ocultándola de manera no consciente.

2. De la lógica formal a la lógica dialéctica

Con la interpretación nos salimos de la forma de la lógica y nos adentramos en el fondo, en la estructura profunda de los textos. Para poder interpretar el significado de los textos necesitamos atender a sus contradicciones, a su ambigüedad, que es donde está su riqueza, a la sinonimia, a la antonimia y a otras relaciones semánticas menos conocidas, como la meronimia, la hiponimia o la paronimia. Para ello podemos ver cómo dejamos atrás el principio de no contradicción y del tercero excluido sobre el que se basaba la lógica. Ayudémonos con Hegel para hacer este ejercicio.

El principio del tercero excluido nos dice que algo o «es A» o «+A» o «no es A» o «−A», lo que es perfectamente coherente, pero si aceptamos que «+A≠A» y que «−A≠A», nos daremos cuenta de que el axioma parece querer evitar la contradicción y, al hacerlo, incurre precisamente en una: «A» debe ser «+A» o «−A», con lo que ya queda introducido el tercer término «A», que no es ni «+» ni «−» y, por lo mismo, es al mismo tiempo «+A» y «−A». Para Hegel el acto de conocimiento es la introducción de la contradicción, no su artificiosa supresión. Según Hegel, la lógica dialéctica integraría en sus análisis, en su comprensión, el tercer término «A». Dicho en otras palabras: Hegel piensa en una lógica diferente, donde de una manera dinámica las contradicciones tienden a superarse en la realidad. Esta lógica no solo la piensa como un método, sino como la realidad misma que se desenvuelve. La dialéctica hegeliana es un método donde una idea se expone como tesis a la que se le enfrenta una contraria como antítesis y, finalmente, una tercera como síntesis. Se trata de un método radicalmente nuevo que ha partido de una contradicción. Hegel en *Ciencia de la lógica* habla de la tríada del ser, la nada y el devenir como tres momentos de la realidad, por tanto, la lógica dialéctica no solo es un método, sino la lógica propia interna de la realidad. Hegel extiende estas tríadas para explicar toda la estructura de la realidad y la sociedad humana.

Martin Heidegger en su libro *Identidad y diferencia* tiene un pasaje donde critica el principio de identidad de la lógica formal para construir una apertura hacia la diferencia, para dudar y comprobar que en toda identidad se esconde una diferencia: «A es A no solo dice que todo A es él mismo lo mismo, sino, más bien, que cada A mismo es consigo mismo lo mismo».

La rotura de la lógica formal desde la hermenéutica nos permite abrir la dimensión del significado en los discursos. La diferencia y la contradicción son herramientas poderosas del pensamiento.

3. La hermenéutica profunda

Hermenéutica quiere decir «interpretación de textos». Tiene su origen primero en las religiones míticas y después en las monoteístas. Especialmente en la tradición cristiana, la exégesis de la Biblia ha sido una fuente de búsqueda de la verdad y de comprensión del mundo. En el ámbito jurídico también se utiliza la hermenéutica. Al pasar de leyes divinas a humanas es lógico que el derecho recogiera el testigo de la interpretación de textos. Pero ya desde sus inicios se impuso la costumbre del comentario sobre los textos. Los textos venían comentados en sus márgenes.

«*HERMENÉUTICA* QUIERE DECIR "INTERPRETACIÓN DE TEXTOS"».

La hermenéutica en su forma más simple es el comentario de textos como nos lo han enseñado en el colegio. No olvidemos que desde el momento en el que hemos aceptado que todo es lenguaje o, al menos, lo vivimos desde el lenguaje (ideas, mente, realidad, hechos y acciones) y lo vemos materializado en los discursos, todo lo que hay son textos y signos que debemos comprender. Es necesario leer, interpretar o analizar y comentar los textos a través de sus enunciados para llegar a conclusiones que demuestren nuestra comprensión lectora.

La filosofía también está sustentada en la hermenéutica. Como hemos visto, los autores se leen unos a otros y se interpretan a través de su actividad textual dentro de un corpus difusamente definido. Si la lógica nos ofrecía la posibilidad de entender si están bien construidos los argumentos, bien realizadas las deducciones y las inferencias, ahora tenemos que utilizar la facultad más personal, la capacidad de comprensión, a través de la interpretación de textos. La tradición anglosajona del pensamiento crítico es muy mecánica e instrumental y no incluye esta parte de la comprensión porque no resulta fácil de enseñar ni de formalizar, pero es la mayor aportación de la tradición europea y la que marca la diferencia. También se trata de una herramienta muy poderosa porque los grandes cambios en la humanidad son cambios de paradigma fruto de la capacidad de comprensión profunda, no de la evaluación de argumentos racionales.

El psicoanálisis quizás no sea la mejor terapia disponible, pero es una manera de comprender la realidad, lo que nos ha sucedido en la vida, mediante el descubrimiento de los signos que nos llevan a entender las razones ocultas. El psicoanálisis es una hermenéutica más. Cuando el paciente, después de muchas sesiones explicando experiencias pasadas, verbaliza las causas de sus fobias, de sus bloqueos mentales, comprende la razón implícita y se cura. No es un milagro; es el poder de la comprensión, la facultad más potente del ser humano.

Las demás técnicas que conocemos, como la lógica o incluso la lingüística, se basan en lo explícito, en lo patente, en lo literal del discurso; la hermenéutica, en cambio, lo hace en la dimensión profunda del texto. Como se dice vulgarmente, se trata de «leer entre líneas», y esto no se encuentra en los manuales de pensamiento crítico porque no se puede enseñar directamente; tan solo indirectamente. No se puede reducir a una serie de ejercicios y soluciones, pero no por ello es menos importante y, sobre todo, hay que abrir el camino para los que tengan esta capacidad. El filósofo Hans-Georg Gadamer nos dice que «comprender e interpretar son la misma cosa» en *Verdad y método. Fundamentos de una hermenéutica filosófica.*

Lo primero para realizar un comentario es hacer una lectura general y lo segundo, formalizar la estructura de partes del texto (introducción, temas tratados y conclusiones), pero especialmente enfocándose en la línea argumental que se desarrolla a través de las diversas partes. Como ya sabemos, debemos identificar: supuestos, informaciones, argumentos (inferencias y deducciones) y conclusiones y luego ir realizando relecturas fragmentarias para ir validando los detalles. Imagina que el discurso es impecable, verdadero y bien argumentado y las conclusiones aceptables. Podemos contextualizar el texto preguntándonos cuándo fue escrito, dónde, por qué, cómo, contra quién y a favor de quién. Y después de esto, ¿qué más queda? La comprensión. Comprender es literalmente rodear algo por todas partes, agarrar algo del todo, es decir, entender una cuestión completamente. La última parte de la palabra tiene la misma raíz que «hiedra», la planta trepadora que cubre los árboles. La comprensión nos ayuda a relacionar el texto con otros textos, con otras personas, con nuestro bagaje cultural y con nuestro estilo y representa la forma más elevada de pensamiento crítico.

Intentamos comprender un texto como un policía forense de *CSI*, analizando no solo lo explícito, sino las señales que nos revelan los conflictos latentes, las intenciones ocultas, los vínculos secretos. Hemos de reconocer dentro de qué estrategias no discursivas están inscritos, es decir, qué poder se esconde detrás del discurso y con qué intenciones se ha producido y distribuido. También es importante reconocer la posibilidad de que los poderes se apropien de los discursos producidos por otros. Los textos tienen pretensiones que no cumplen e intentan borrar muchas veces sus carencias. Encontramos textos retóricos con mensajes simples y emocionales o textos muy complejos que utilizan una jerga especial para que solo sea comprensible por ciertas personas.

Comprender un discurso es entender por qué entre todas las posibles combinaciones textuales se ha escogido una determinada significación para provocar un efecto concreto.

4. La semántica relativa

La hermenéutica no es la única manera de analizar los textos. La lingüística nos provee de herramientas menos explicativas pero que tienen la ventaja de formalizar los significados. La semántica es la parte de la lingüística que estudia el significado de las palabras. Como vimos con el ejemplo de los colores, los significados son estructuras y resultan más complejas cuanto más desarrollada es una sociedad. Los conceptos nunca están aislados, sino que se agrupan en campos semánticos, que son un conjunto de palabras que comparten un tema de significación común.

«LA SEMÁNTICA ES LA PARTE DE LA LINGÜÍSTICA QUE ESTUDIA EL SIGNIFICADO DE LAS PALABRAS».

Por ejemplo:

Automóvil: neumático, motor, puerta, parabrisas, frenos, embrague, cambio de marchas, asiento, cinturón de seguridad, maletero.

Saussure, padre de la lingüística estructural, diferenciaba entre significante (la palabra escrita) y significado (la imagen mental a la que se refiere). El significado además de su contenido tiene un valor según sus relaciones con otras palabras. Estas relaciones, que se describen con grafos, se llaman *redes semánticas* o *modelos semánticos*. La manera más fácil de dibujar un red semántica es con la herramienta denominada *mapa mental*.

Gráfico 11.1. Ejemplo de red semántica

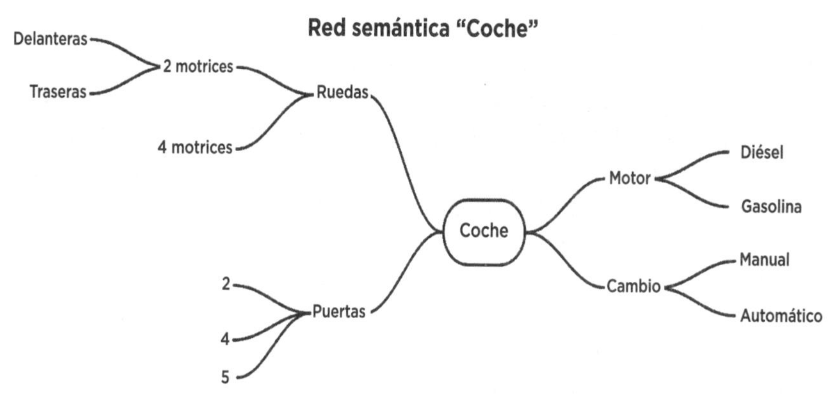

Todas las palabras de la red semántica pertenecen a uno o más campos semánticos. La semántica, como vimos en el capítulo 4, nos enseña que las estructuras de significado son relativas a las culturas donde se desarrollan, por lo que la arbitrariedad del significado hace que dependa de la sociedad y de la coyuntura histórica donde se han formado. La sociedad de comunicación de masas y de individuos conectados en redes nos da la sensación de que los significados son universales, pero no es así. Cada vez más vemos que una sociedad globalizada que aumenta la traducibilidad entre idiomas, lo que borra las diferencias culturales creando una estructura semántica mundial común, al menos en lo que respecta a algunos campos semánticos. Sin embargo, esto no debe distraernos de que en cada idioma las estructuras semánticas son muy diferentes, y más cuanto más nos dirigimos al pasado.

No podemos analizarlo todo. Y no todo lo que asimilamos por nuestro flujo vital podemos analizarlo como un texto o no todos los textos son alfabéticos; también hay símbolos, números e imágenes. Tenemos que seleccionar los mensajes relevantes y memorizarlos o escribirlos o subrayarlos si están escritos y *a posteriori,* apartándonos del flujo real, tener la calma suficiente como para poderlos analizar como un texto y comprender sus implicaciones y consecuencias y cuál ha de ser nuestra postura al respecto.

5. La séptima fuerza: Comprender

El séptimo límite de la irracionalidad solo se puede vencer con la fuerza de la comprensión. Ante la creencia de que «no me afecta lo que digan los demás», ya que, como hemos visto, la parte más importante de la realidad es la que se crea a través interacciones humanas, podemos interpretar la realidad correctamente mediante el método de la hermenéutica discursiva preguntándonos si la solución es comprensible. Por ejemplo, la solución final del nazismo no es comprensible, sino irracional, pero no desde un punto de vista formal, sino desde la perspectiva de la comprensión, y no digamos de la ética. La racionalidad debe ir acompañada de la comprensión humana de la realidad y de lo que es correcto hacer. La suspensión del juicio nos deshumaniza y nos convierte en animales. Los humanos, atendiendo a nuestro cerebro, somos un tercio reptil, otro tercio primate y un último tercio humano, digno del *Homo sapiens sapiens*. En nosotros está el poder del autocontrol de las bestias que llevamos dentro.

¿Cómo entendemos a alguien diferente? Poniéndonos en su lugar ¿Cómo entendemos algo? Desmontándolo. Tenemos que ser responsables del mundo. Nada nos es ajeno. Comprender es hacer parte de algo. La comprensión tiene que ver con el significado, con que alguien tiene razón, o tiene una razón, un motivo para hacer las cosas. Hay que comprender la realidad como si fuera un gran texto, formar parte del mundo involucrándonos mentalmente en él. Todo es para mí, todo me debe interesar, y yo formo parte de todo, me responsabilizo y actúo, decido. Ese es el espíritu.

Tabla 11.2. La fuerza de la comprensión

Fuerza	Comprender
Método de pensamiento	Hermenéutica discursiva
Habilidad	Interpretar
Paradigma que hay que superar	Irracionalidad
Inacción	No me afecta lo que digan los demás
Acción	Interpreta la realidad
Pregunta	¿La solución es comprensible?

Gráfico 11.3 La fuerza de la comprensión

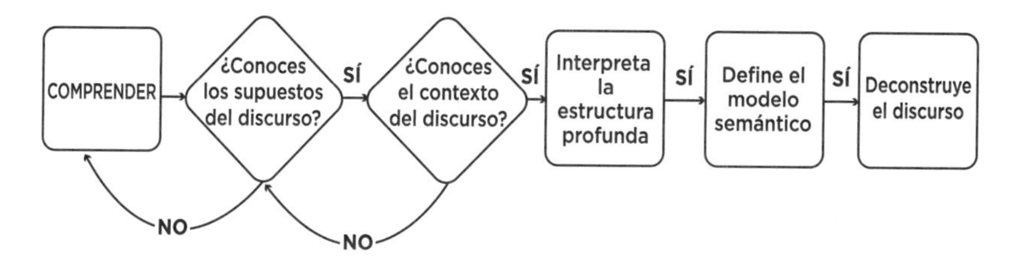

EJEMPLO

¿Qué sucede cuando nos hallamos ante un discurso coherente, compacto, con argumentos bien formulados y racionales, con supuestos fundamentados en datos, avalado por autoridades académicas, masivamente difundido y aceptado? Es complicado dudar y criticar. Las industrias del pensamiento generan dudas en discursos verdaderos o construyen dogmas en discursos parcialmente verdaderos. Ambos con argumentos científicos y racionales. O provocan incertidumbre e indecidibilidad o fanatismo y dogmatismo para que las personas incapaces para discernir la verdad tiren la toalla y, por tanto, desistan de cualquier oposición crítica tanto en un sentido como en otro. Actualmente el discurso del cambio climático se ha convertido en una religión porque está sustentado y difundido por un poder mundial absolutista como no había ocurrido desde la Iglesia católica hace siglos. Cuando hay un enorme poder tras un discurso, con toda probabilidad no puede ser 100 % verdadero. Suele ser el argumento de venta para imponer unas políticas que solo benefician al poder que las alienta.

El mejor ejercicio de comprensión del cambio climático es intentar su incomprensión. Sea verdadero o falso. Ni siquiera me defino ni a favor ni en contra. La fuerza de la comprensión viene en nuestra ayuda. ¿Existe una teoría del clima? No hay. ¿Quiénes son los autores de la teoría general del clima? No existen. ¿Somos capaces de predecir el clima a tres o doce meses vista? No. ¿Y a diez o cien años? Menos. ¿Cómo es posible que informes científicos avalen simulaciones sobre el clima cuyas predicciones han fallado sistemáticamente en las últimas décadas? No sabemos. ¿Es una simulación un artificio matemático o es ciencia? Ciencia no es, aunque resulte útil en la práctica. En 1972 el MIT publicó el informe *Los límites del crecimiento,* actualizado en 2004 y 2012, en el que un modelo computarizado del planeta Tierra llamado World3 predice un punto de inflexión para 2025 donde los recursos energéticos caen en picado. Posteriormente, los discursos de la capa de ozono y el calentamiento global nos han llevado al del cambio climático. Las simulaciones del Grupo Intergubernamental de Expertos sobre el Cambio Climático (IPCC) no son teorías científicas aunque estén basadas en datos; a veces incluyen como premisa lo que se quiere demostrar: que el hombre es el causante de los cambios adversos en el clima, es decir, la falacia *petitio principii.* Esto es tanto como decir que podríamos llegar a ser jardineros del clima porque somos capaces de controlarlo, al igual que las plantas en el jardín. ¿Podríamos pensar, en cambio, que el cambio climático es un discurso para ayudar a cambiar el sistema económico global? ¿Podría suponerse que este cambio es más que necesario y que en el clima se ha encontrado una argumentación convincente para todos, aunque quizás no sea del todo cierta? Pero ¿hay otras alternativas económicas? o ¿si las premisas son falsas la conclusión es errónea? Entonces, ¿hablamos de ciencia o de geopolítica?

La realidad es que hoy no existe una evidencia científica al respecto de que el hombre sea el mayor causante del cambio climático o de las emisiones de CO_2; más bien lo contrario, lo que no quiere decir que no se tengan que hacer esfuerzos ímprobos para la descarbonización de la economía o para la utilización generalizada de energías renovables. Lo que parece contrastado es que en 2015 se superó el pico de producción de la gran mayorías de fuentes energéticas y, aunque siga habiendo grandes reservas, el coste energético de obtenerlas, la tasa de retorno energético (TRE), ha disminuido —el petróleo de 100:1 a 8:1 en menos de cien años—, y no digamos el coste financiero. Esta situación indica que se ha acabado la abundancia energética a precios razonables, con lo que el desabastecimiento y el decrecimiento están garantizados para el futuro. Las renovables no son la panacea porque para desarrollarse necesitan energías fósiles, además de que su densidad es muy baja. La cantidad de energía acumulada en una energía fósil como el petróleo es de 150 Wm^2 respecto a los 5 Wm^2 de la solar, lo que significa que hay que multiplicar por 30 la energía solar para que sustituya a la fósil.

Pero lo importante no siempre es la verdad, especialmente cuando no todo se puede verificar, sino qué está pasando y qué nos está afectando ya, atender a las señales. Antes de que suba el nivel del mar tendremos cortes de electricidad. Quizás lo importante no es si los humanos somos culpables del clima —nos encanta ser culpables porque eso significa que somos poderosos—, sino que nos encontramos ante un panorama de escasez energética en una curva decreciente del tipo que en inglés se llama *cliff* (acantilado). Más bien parece que el destino de la Tierra, del clima y de la humanidad está en manos del Sol y no del ser humano. Como siempre, no hay nada nuevo bajo el Sol más que la soberbia humana.

EJERCICIOS

■ Para ejercer la fuerza de la comprensión con eficacia dentro del proceso de transformación y que interpretar funcione, tienes que definir a dónde quieres ir. Los siguientes ejercicios de autoconocimiento debes hacerlos por escrito. Te harán reflexionar y podrás responder a las preguntas que siguen:

1. **Señales.** Haz una lista con cuatro señales que, de producirse, indicarían que alguna cosa importante (positiva o negativa) está pasando en tu proyecto.
2. **Estructura.** Haz cuatro tablas con los conceptos que se con relacionan tu proyecto. En la primera columna escribe el concepto y en la segunda, su descripción.
3. **Interpretación.** Redacta cuatro enunciados que representen y resuman diferentes maneras de interpretar tu proyecto como si se tratara de personas distintas para cada una de las tablas anteriores. Ponte en el lugar de personas diferentes.
4. **Discurso.** Redacta cuatro textos de justificación y defensa de tu proyecto utilizando diversas explicaciones.
5. Prioriza todas las listas y escoge el elemento más importante para ti de cada una. Redacta un texto que lo resuma todo, lo más breve posible, titulado Comprensión.
6. Añade este texto al que has hecho en los capítulos anteriores en el mismo documento.

PREGUNTAS

Responde a las siguientes preguntas de autoafirmación ayudándote con las listas que has hecho anteriormente:

- ¿Conozco el contexto?
- ¿Reconozco los discursos donde estoy inmerso?
- ¿Entiendo los mensajes hasta sus últimas consecuencias?
- ¿Soy capaz de comprender la situación en la que estoy?
- ¿Soy capaz de resolver las contradicciones en las que me encuentro?
- ¿Cómo puedo cambiar la situación?
- ¿En qué me condicionan los discursos que me afectan?
- ¿Cómo puedo responsabilizarme de los problemas que provocan los discursos?
- ¿Qué sentido tiene mi discurso?

12

FUERZA 8: SENTIR. SIENTE Y SUPERA EL NIHILISMO

1. Las sonrisas felices de Zander. ¿Es la felicidad recíproca?

Hay un bonito vídeo de TED *Talk* titulado *The transformative power of classical music* donde el director de orquesta Benjamin Zander, con el gran sentido del humor que le caracteriza, intenta transmitir el gusto por la música clásica. Al empezar su actividad como director se dio cuenta de que él era el único que no tocaba instrumentos, pero su cometido era conectar con los músicos para que realizaran su ejecución lo mejor posible. Entendió que su labor, más que escuchar la música y coordinar los tiempos de los músicos, como tradicionalmente pensaban los directores de orquesta, era comunicarse con ellos, transmitir la emoción para que ellos la sintieran y la devolvieran al público. Zander afirma que sabe si realiza bien su trabajo como director de orquesta por cuantos más ojos brillantes ve en sus músicos. Esto también le ocurre en otras facetas de su vida, como con sus amigos o con su familia (con sus hijos, por ejemplo). La felicidad no es un estado, sino una relación diferida en la que damos para recibir. Somos felices en la medida en la que hacemos felices a los demás. El tiempo que dedicamos a la felicidad se debe equilibrar con el dedicado a nuestro propósito vital. En el caso de Zander consiguió que los dos fueran el mismo, pero esto no suele ocurrir. No se puede pensar si el pensamiento no redunda en nuestra felicidad. Se piensa para mejorar, para ganar, para marcar la diferencia. Nuestra manera de pensar está inscrita en nuestros valores y principios, en nuestras finalidades y en nuestro horizonte. No podemos pensar sin ética.

2. La ética local

¿Qué tiene que ver la ética con el pensamiento? Mucho. Cuando no hay ética es porque hay irracionalidad, suspensión del juicio o argumentaciones éticas que parten de premisas falsas. El pensamiento tiene que ser ético, tiene que servir para algo, para un buen propósito.

La ética es positiva, tiene que ver con los valores, con nuestros principios vitales. Uno de los libros más brillantes de *management* es el superventas de Stephen Covey *Los siete hábitos de la gente altamente efectiva*. En otra obra posterior, *El liderazgo centrado en principios,* explicó cómo llegar a la excelencia personal y profesional con una gestión basada en principios. La gente eficaz desarrolla su vida fundamentándose en principios éticos, mientras que el resto lo hace únicamente atendiendo a listas de tareas que prioriza según unos objetivos. La capacidad de dirigir nuestra vida basada en la ética nos confiere un poder diferente en nuestra actividad. De un poder autoritario e instrumental, como se suele ver en muchas organizaciones, podemos pasar a otro centrado en principios que nos permite influir en las personas de una manera positiva e inspirarlas de forma sostenida. Es a través de nuestros principios, que nos confieren credibilidad y respeto, como se construye la autoridad moral, no al revés. Covey enumera una lista de principios: persuasión, paciencia, delicadeza, disposición a aprender de los demás, aceptación, bondad, actitud abierta, confrontación compasiva, consistencia e integridad.

Pensar es una de las partes más esenciales del ser como persona, del desarrollo individual, y no puede estar sustentado en abstracto. Pensar es una actividad concreta inscrita en nuestros valores y principios. La ética es positiva: está construida sobre valores y principios que regulan la acción humana para conseguir el bien o, al menos, perjudicar lo mínimo posible a nuestros congéneres. La moral, en cambio, que no es lo mismo, resulta negativa: se basa en la prohibición normativa de comportamientos. La ética es optimista y presupone que una persona es responsable, mientras que la moral resulta pesimista y entiende que la persona no tiene capacidad de juicio o de imponerse a sus pasiones. La ética es propia de personas maduras y la moral, de personas dependientes. La moral es fija y rígida, propia de las religiones y de las ideologías, mientras que la ética es propia de las instituciones abiertas y libres y puede cambiar en función de la sabiduría alcanzada.

En cualquier caso, nada es más propio de los seres humanos que la ética. Las máquinas, los robots, la inteligencia artificial, no pueden tener ética. La ética implica una perspectiva que no tienen los algoritmos capaces de aprender. Simplemente, no la necesitan. Inocularles ética humana tampoco parece una buena idea porque la ética es personal y un algoritmo no. Así como la moral puede ser grupal, la ética no. Los robots y los algoritmos podrán ser mejores que nosotros, pero siempre carecerán de la perspectiva humana. Como máximo podrán alcanzar una buena simulación, pero siempre habrá desajustes. Al ser la ética algo tan propio del género humano, también resulta imposible que sea universal, como intentó postular Kant. La ética siempre es relativa al punto de vista. Lo hemos visto con los sesgos. No todos los sesgos se pueden superar, pero al menos hay que reconocerlos y poner a los demás sobre aviso. Y es que el sesgo y los principios dependen de las perspectivas, y no hay dos iguales o una más correcta que la otra, a no ser que resulte engañosa. Por eso decimos que la ética es local; porque no es absoluta, sino relativa, pero también local porque está inscrita en un territorio. No entendamos *territorio* exclusivamente como un ámbito geográfico, sino como lo que representa «lo nuestro», lo que protegemos con nuestra vida, por ejemplo, nuestra familia. Una ética universal, ubicua, llegaría a ser salomónica, como nos muestra la historia bíblica donde el rey Salomón, ante dos mujeres que reclamaban la maternidad del mismo hijo sin poder discernir quién mentía y quién no, y también por dar una lección de humildad a la impostora, cortó con una espada al bebé en dos. Máxima justicia, pero también máxima crueldad. Por eso la ética es algo individual en primera instancia. Aun así, los seres humanos compartimos muchas cosas y podemos en determinados casos converger en una ética común, pero nunca universal.

El pensamiento consiste fundamentalmente, como hemos visto, en la construcción y deconstrucción de discursos. Es a través de la producción de los enunciados que conforman los discursos donde conseguimos utilizar la más alta capacidad humana, la de juzgar, la racionalidad, en definitiva. La acción racional está basada en juicios, mientras que la irracional ha suspendido la facultad de juzgar, de emitir juicios racionales. Lo irracional es racionalidad negativa, razón sin juicio, sin ética. Los juicios sobre hechos y comportamientos presuponen juicios éticos, y estos funcionan igual que los argumentos que ya conocemos.

3. Propósito y felicidad

La ética se complementa con el propósito vital y la felicidad. Si nuestra mayor intención en la vida es ganar dinero en sí mismo, no diremos que es un propósito deleznable pero, como mínimo, resulta peligroso. Si no se puede responder a las preguntas ¿para qué? o ¿para quién? fuera de nuestro ego, si no tiene un propósito, sencillamente es un despropósito. Nuestro propósito vital sano es trascendernos, ir más allá de nosotros mismos, de lo que somos. Muchos científicos y tecnólogos se han dedicado obsesivamente a alcanzar algún descubrimiento, llegando a ser casi esclavos de su pasión y de su fin. Algunos, como Tesla, llegaron a suprimir completamente su vida personal y, por tanto, la felicidad. Existe mucha gente a la que no le importa la felicidad; tan solo alcanzar sus metas y propósitos vitales. Sin embargo, la felicidad resulta fundamental porque corona nuestras relaciones afectivas, pero debe equilibrarse con aquello que da sentido a nuestra vida. Al final, el pensamiento crítico reduce la incertidumbre y nos permite tomar decisiones correctas que nos evitan el sufrimiento y maximizan nuestra felicidad.

«SOLO SE ES FELIZ AL HACER FELIZ A LOS DEMÁS».

¿Pero qué es la felicidad? Pensamos que es lo más importante para el ser humano, a pesar de que hoy tenga tan mala prensa por culpa de malentenderla, ya que nadie en su sano juicio es capaz de afirmar que le encanta la infelicidad. Si la infelicidad no es indeseable, lo contrario no se ha acabado de entender. Lo hemos dicho: la felicidad no es un estado, como piensa la gran mayoría de tradiciones religiosas, políticas y filosóficas. No es la ataraxia ni el nirvana ni la suma virtud ni el justo medio ni el placer ni nada que se le parezca. La felicidad no es un estado, por lo que nunca se puede alcanzar, nunca puedes estar allí. Es un poco paradójico porque podríamos decir: «No busques la felicidad si quieres ser feliz». La felicidad es una relación. Es una relación entre personas que tienen un vínculo afectivo. Uno mismo no puede ser feliz, solo se es feliz al hacer feliz a los demás, y son los demás los que devolviendo su sentimiento de felicidad nos hacen felices a nosotros. Como le pasaba a Zander, lo vemos en las sonrisas, en el brillo de los ojos, en la gratitud. Es un mecanismo simple, pero al tiempo complejo.

La sabiduría humana consiste en dedicar parte de nuestro tiempo al propósito vital que da sentido a nuestra vida y otra parte a ayudar a gente que queremos o apreciamos, que son los que nos devuelven ese estado que llamamos *felicidad*. La identidad personal no es una cosa, sino una relación con los demás, con la diferencia, incluso con el antagonismo. Nada tendría sentido si solo existiéramos nosotros. La alteridad nos da significado y felicidad. También nos crea problemas, por supuesto. Pero no hay sentido vital sin testimonios de nuestros logros, ni hay felicidad sin haberse esforzado altruistamente. El egoísmo y el egocentrismo solo conducen a la infelicidad propia y ajena. Los hiperegos son adictos a sí mismos, narcisistas que absorben la energía de los demás para su propio beneficio instrumental. No interaccionan, someten. Son enfermos. Los hiperaltruistas tampoco están sanos. Hay que encontrar un equilibrio entre el yo y los otros, y para cada uno es distinto. También hay muchos malentendidos sobre la felicidad en el entorno empresarial. No se trata de dar a los trabajadores lo que quieren o de tratarlos con algodones, sino de reclutar o formar a personas cuyos propósitos de realización personal coincidan con los objetivos empresariales, tanto de negocio como de cultura, valores y principios. Se trata de escuchar y abrirse a lo que pueden aportar las personas, más que obligarlas a hacer lo que no quieren.

No debemos abandonar ni la búsqueda de la felicidad ni el propósito personal, sino compatibilizarlos y dedicar un porcentaje a cada cosa. De los dos cuadrantes que tenemos a disposición para cada uno, hemos de disponer qué intensidad y fuerza dedicamos a cada uno. En cada momento de la vida esos porcentajes cambiarán, pero más allá de la desaparición del uno o del otro, solo hay enfermedad. Mejor evitarlo. A partir de una dedicación del 50 % a cada uno, que sería el justo medio, cada uno debe buscar la mejor combinación posible de los dos cuadrantes. En un extremo tendríamos a un Tesla que, por muy genio que fuese, solo vivía para él y sus inventos, por lo que murió solo y desgraciado, y en el otro extremo, a Francisco de Asís, figura muy loable, sin propósito y todo bondad con los demás, pero incompatible con una vida familiar y social.

La búsqueda de la felicidad y del sentido vital, es decir, lo que llamamos, para resumir, *alcanzar la sabiduría vital,* es el objetivo de la vida para todo ser humano. Antes que empleados o emprendedores somos seres humanos. Todos tenemos una o varias misiones vitales que realizar, y no podemos o debemos desvincular esos objetivos y actividades de nuestra manera de ganarnos el pan. El coste de olvidar quiénes somos y qué queremos no lo pagan ni el dinero ni la fama. No podemos pensar en hacer empresas o proyectos sin alinearnos con quiénes somos y con quiénes nos hacen ser quienes somos.

4. La octava fuerza: Sentir

El sexto límite es el nihilismo, que nos dice que hacer algo «no sirve para nada», que nos mantiene encerrados en la tiranía del cubo. La fuerza que nos permite superar este límite es el sentir, que nos posibilita buscar el sentido, el propósito vital, la felicidad. No se trata de dar rienda suelta a los sentimientos o a las emociones; muy al contrario, se trata de enfocarse hacia un objetivo para el que en última instancia el pensamiento tenga su sentido. El pensamiento es la herramienta relacional fundamental para la búsqueda del sentido vital y de la felicidad. Necesitamos buscar el sentido de las cosas, de los discursos, de nuestra propia vida. No hacemos nada o no hacemos las cosas para nada; todo tiene un propósito. Debemos hacernos la pregunta ¿cuál es el propósito? El propósito es el origen y el fin del pensamiento. La voluntad de saber es erudición, sabiduría, otra cosa; pero el pensamiento lo provoca la voluntad de poder, las ganas de hacer cosas, el emprendimiento. Al hacer cosas también cambiamos el pensamiento. El nihilismo es el antiemprendimiento, la negación del propósito, la falta de responsabilidad, de ética; es la suspensión maligna del juicio. No hay nada más peligroso que dejar de suspender la perspectiva ética por premuras de tiempo («no hay tiempo para hacer las cosas bien»), importancia del objetivo («el fin justifica los medios») o urgencia («la amenaza a la seguridad»).

El discurso del odio es un producto social en el que se suspende el juicio del valor ético sobre la diferencia. Cualquier discurso puede evolucionar a un estadio cerrado y totalitario, pero lo contrario únicamente es posible en sus inicios porque, en la medida que un discurso se difunde y organiza en acción social, llega a ser demasiado fuerte para resultar reversible y se hace totalmente refractario a la crítica. Como sabemos, muchos discursos mueren por guerras y revoluciones.

Pensar es mantener nuestra capacidad de juicio funcionando y mejorando cada día, así como haciendo un esfuerzo por conectarla con la de otras personas y grupos que también utilizan esta virtud para el bien de la humanidad. Hay que rehuir de lo contrario, dudar de uno mismo, pues quizás seamos nosotros el villano. Todo sirve para algo. Hay que encontrar siempre el propósito en un balance adecuado con ser felices.

Tabla 12.1. La fuerza del sentido

Fuerza	Sentir
Método de pensamiento	Ética sostenible
Habilidad	Juzgar
Paradigma que hay que superar	Nihilismo
Inacción	No sirve para nada
Acción	Busca el sentido
Pregunta	¿Cuál es el propósito?

Gráfico 12.2. Algoritmo de la fuerza del sentido

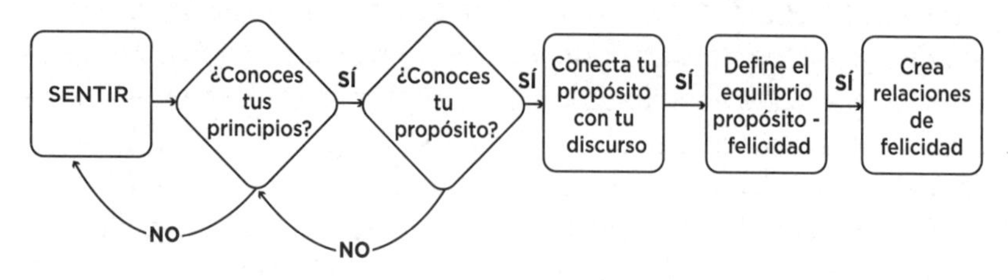

EJEMPLO

Si hay algo que merece nuestra atención éticamente es la «solución final a la cuestión judía», eufemismo con el que se conoce un conjunto de órdenes gubernamentales del nazismo que provocaron el Holocausto o, como es conocido en el ámbito judío, la *Shoá*. De alguna manera se empezó con la Operación Barbarroja por la que se formaron escuadrones de la muerte que ejecutaron de manera masiva (sobre el millón de personas) en la retaguardia del frente ruso a la población civil, incluyendo a mujeres y niños (aunque también había un grupo listo para actuar en Reino Unido cuando cayese). Parece que los soldados no llevaban bien estas ejecuciones, a veces realizadas con un tiro en la nuca o con fusilamientos improvisados, y acababan suicidándose. Dentro de la lógica del exterminio, esta técnica era poco eficiente, por lo que en el momento se decidió acabar con todos los judíos en Europa el 31 de julio de 1941 cuando Reinhard Heydrich, comandante de la Oficina Central de Seguridad del Reich, recibió una orden de Hermann Göring para preparar la solución final de la cuestión judía. Heinrich Himmler fue quien concibió el plan de exterminio para convertir los campos de concentración y de trabajo en campos de exterminio masivo con diversas técnicas, entre las cuales estuvieron las nefastas duchas de gas Zyklon B. Hubo incluso un programa secreto llamado Aktion T4 dedicado al exterminio de enfermos mentales y discapacitados, encubierto bajo el término *eutanasia*. Se calcula que los nazis asesinaron a 22 millones de personas, de los cuales más de seis eran judíos.

Desde el punto de vista racional era una solución lógica que maximizaba la eficiencia de un objetivo, el paso de la artesanía a la industrialización del exterminio, pero desde el punto de vista ético era (y es) abominable. La jerarquía militar, la ideología antisemita y el odio insuflado a la población alemana no perseguida actuaron como mecanismos de suspensión del juicio ético. Sin embargo, la racionalidad o la ideología sin ética no sirven. Los juicios de Núremberg y en Israel devolvieron la ética a su lugar.

EJERCICIOS

Para ejercer la fuerza del sentido con eficacia dentro del proceso de transformación y que juzgar funcione, tienes que definir a dónde quieres ir. Los siguientes ejercicios de autoconocimiento debes hacerlos por escrito. Te harán reflexionar y podrás responder a las preguntas que siguen:

1. **Valores.** Haz una lista con cuatro valores como persona que te identifican.
2. **Propósito.** Haz una lista con tus cuatro posibles propósitos vitales.
3. **Red cercana.** Haz una lista con cuatro personas que te gustaría hacer feliz de diferentes grupos.
4. **Cuadrantes.** Haz una lista con cuatro combinaciones posibles entre propósitos y personas con un porcentaje de dedicación diferente.
5. Prioriza todas las listas y escoge el elemento más importante para ti de cada una. Redacta un texto que lo resuma todo, lo más breve posible, titulado Sentido.
6. Añade este texto al que has hecho en los capítulos anteriores en el mismo documento.

PREGUNTAS

Responde a las siguientes preguntas de autoafirmación ayudándote con las listas que has hecho anteriormente:

- ¿Cuáles son mis valores?
- ¿Para qué estoy aquí?
- ¿Quién me importa?
- ¿Qué me importa?
- ¿Qué tiene sentido para mí?
- ¿Qué propósito tiene la gente que admiro?
- ¿Cuál es mi propósito?
- ¿A quiénes quiero hacer feliz?
- ¿Cuánto tiempo voy a dedicar a mi propósito vital?
- ¿Qué me vale para servir a mi misión?

13

FUERZA 9: INNOVAR. INNOVA Y SUPERA LA MEDIOCRIDAD

1. Steve Jobs y el pensamiento disruptivo. El iPhone, ¿nuevo producto o nuevo mercado?

Si hay una presentación emblemática es la de Steve Jobs en 2007 cuando presentó el primer iPhone, pues fue un auténtico punto de inflexión en el mercado tecnológico. Apple había conseguido reinventar el teléfono fusionando tres productos en uno: el iPod, el teléfono móvil y una agenda/comunicador de Internet de mano, como las que existían en aquellos tiempos. Para mejorar el uso del teléfono se empleó únicamente una pantalla multitáctil, prescindiendo del teclado físico con teclas minúsculas que era habitual entonces y del lápiz, como en las agendas de bolsillo. Pero la clave radicó en una interfaz de usuario extremadamente intuitiva y fácil de utilizar, capaz de interpretar gestos. El iPhone, dotado de giroscopio, acelerómetro y sensor de luz ambiental, podía interpretar muchos movimientos de los dedos del usuario sobre la pantalla. Para hacer el *smartphone* más inteligente, se puso el sistema operativo de Apple completo (OSX), se complementó con una cámara fotográfica y servicios de Internet, como el correo electrónico, y se convirtió iTunes en un ecosistema de aplicaciones para iPhone. La competencia tardó muchos años en ponerse al día en todas las innovaciones que llevaba el iPhone. A Google le costó mucho que se impusiera Android como sistema operativo con una comunidad de desarrolladores deseosos de ganar dinero con él. Por el camino, Nokia, Ericsson, Motorola, BlackBerry y otros gigantes del móvil murieron. Intentos destacados, como el de Microsoft de copiar el ecosistema iPhone, llegaron demasiado tarde y fracasaron. Las marcas asiáticas vieron la oportunidad de crecer globalmente en el mayor mercado de consumo del mundo. Apple se había dado cuenta perfectamente de que en 2006 el mercado de móviles era de 957 millones de unidades, mientras que los ordenadores personales eran ya solo de 209 millones y los reproductores musicales de MP3, tan solo 135 millones. Había que poner toda la carne en el asador de los móviles. El iPhone fue una auténtica bomba nuclear. Steve Jobs quería vender diez millones de unidades en el primer año de lanzamiento y lo superó. En 2020 Apple vendió aproximadamente doscientos millones de teléfonos. En el segundo trimestre de 2021 iPhone representaba el 54 % de sus ingresos. La Apple pos-Jobs es heredera de la revolución iPhone. Los enormes crecimientos durante más de una década en ingresos y beneficios y la enorme capitalización bursátil actual de Apple se deben a ese momento de innovación. Obviamente no todo es mérito personal de Jobs, pues Apple tenía un equipo de personas con mucho talento. Y sin duda todas eran pensadoras, y crearon un nuevo mercado, el de los *smartphones*.

2. Invención y creatividad

La disrupción o *innovación disruptiva,* término acuñado por Clayton Christensen en *The Innovator's Dilemma: When New Technologies Cause Great Firms to Fail,* está relacionada con el pensar *out of the box*. La disrupción no es un método, sino la forma de vida de los disruptores. Si la innovación es una disciplina, como dice Jay Rao, profesor experto en innovación del Babson College de Boston —de quien tuve el honor de ser alumno—, la disrupción es una indisciplina. No cuenta con un método prefijado; tiene más que ver con las personas que con las técnicas. No todas las personas ni todos los equipos pueden ser disruptivos. Probablemente con *design thinking* cualquiera puede innovar, pero la disrupción es solo para los rebeldes, para los inconformistas, para los atrevidos. La innovación disruptiva es innovación de autor, aunque sea un grupo, con un énfasis fuerte en invención e ideación.

«PARA PENSAR AUTÉNTICAMENTE FUERA DE LA CAJA HAY QUE VIVIR FUERA DE ELLA».

Pero para pensar auténticamente fuera de la caja hay que vivir fuera de ella. Esto es lo que nos cuenta uno de los grandes gurús motivacionales, Yossi Ghinsberg. Nuestra vida está hipernormativizada, extremadamente estructurada, tanto en el espacio como en el tiempo. Vivimos en apartamentos, que son cajas donde se ve la TV, que es otra caja, y de una caja vamos a otra caja, sin improvisación, bajo total control y supervisión. Llevamos una vida predecible, obediente, sumisa, sin pasión; quizás sea una vida tranquila y feliz, pero no permite la creación. El arquetipo del artista, como el que vive al margen de los convencionalismos sociales, se adapta mejor al ecosistema necesario para producir un pensamiento fuera del cubo. La creatividad como pensamiento que genera nuevos conceptos o puntos de vista que luego se pueden materializar en organizaciones, productos, servicios o eventos necesita romper con las estructuras establecidas. La estructura social está soportada por prácticas discursivas que dan un significado a la realidad. En semántica la estructura es la organización de conceptos que permite crear un significado. Vivir dentro de la estructura convencional de significado es el *karaoke* del pensamiento, que convierte a las personas en *followers,* lo que hace imposible generar nuevos conceptos. Pensar es producir nuevos discursos. No en vano Graham Wallas, quien presentó uno de los primeros modelos del proceso creativo en 1926, puso por título a su libro *El arte del pensamiento.* Generar nuevos significados, nuevas formas de vivir, a través de la creación de nuevos conceptos es deconstruir la estructura de significado tradicional para recrear una nueva. Un producto es un cambio de significado que provoca nuevas maneras de vivir posibilitadas por el uso de artefactos nuevos. La creación de un nuevo significado; es en realidad una transformación de lo existente; es aportar una nueva diferenciación en la estructura semántica. Y aquí es donde los humanos jugamos a ser dioses. La creación de significado es la creación de la realidad misma. Desde el momento en el que no se puede crear de la nada, el proceso de creación no es ni intuitivo ni iluminativo. Quizás el inventor no sepa explicarlo, pero se trata de un proceso de creación de sentido, de transformación de la realidad. En definitiva, el proceso de la creatividad está basado en un doble movimiento:

- **Decreación.** El proceso de creación está originado por un movimiento de deconstrucción. Se trata de una tradición filosófica capital que habla de una destrucción creativa que surge con Nietzsche y llega hasta Schumpeter, así como de la destrucción ontológica de Heidegger y la deconstrucción de Derrida. En este movimiento analítico se procede al desmontaje del discurso existente.
- **Recreación.** Es el momento de construcción de algo nuevo, el movimiento de construcción de un discurso a partir de piezas obtenidas del desmontaje de otros, a veces modificándolos. Se trata de un ejercicio de combinatoria de elementos existentes. De hecho, el producto de la creatividad realmente es un invento, y la misma raíz latina de *invenire* quiere decir «encontrar». Solo Dios en la religión puede crear *ex-nihilo;* los humanos creamos de lo previamente existente. Por eso copiar o adaptar de manera inteligente de un contexto a otro está en el ADN de la innovación.

«UN PRODUCTO ES UN CAMBIO DE SIGNIFICADO QUE PROVOCA NUEVAS MANERAS DE VIVIR».

La creación es relacionar conceptos. Construir es enlazar; lo contrario, segregar conceptos, es destruir. El proceso creativo permite con su doble movimiento de decreación y recreación la invención de nuevos discursos. Estos, al final, se convertirán en productos que pueden cambiar nuestra forma de dar sentido a la vida y de vivir. Las personas más inteligentes tienen estructuras semánticas con más diferenciaciones, con mayores subdivisiones de significados; cuentan con cuadrículas más capilares. Muchas veces recomponer creativamente bloques grandes sirve solo para hacer chistes —que no es poco—, pero no para dar con invenciones que rompan los paradigmas establecidos. El mecanismo coincide en ambos casos, pero el valor no es tan grande y la novedad resulta más efímera.

3. El pensamiento lateral

No existe innovación sin creatividad. Esto es algo importante tanto en el ámbito individual como en el organizacional. La originalidad que está en la innovación es algo que todos necesitamos y debemos perseguir. Existen muchas técnicas para la generación de ideas, como el decimonónico *brainstorming*. Aquí nos centraremos en la que me parece que tiene mayor potencial: el pensamiento lateral. Uno de los autores más brillantes respecto al pensamiento en general y a la creatividad en particular es De Bono. Además de un gran y original teórico, también ha trabajado en sus libros la parte práctica del pensamiento creativo. Concretamente, De Bono habla de pensamiento lateral como método disruptivo de resolución de problemas. En contraposición al pensamiento lógico, equiparado a un pensamiento vertical que persiste en una línea concreta, plantea un pensamiento lateral, que abre alternativas. Es la convergencia versus la divergencia. De Bono considera que el pensamiento lógico avanza a través del «no» de la exclusión de alternativas, mientras que el pensamiento lateral lo hace mediante lo que él llama *provocación operativa* (PO), que precisamente crea alternativas. El pensamiento lateral consiste en un conjunto de técnicas creativas para generar nuevas ideas, especialmente nuevos modelos.

El profesor de ESADE Fernando Trias de Bes —del que también fui alumno— y el gurú del marketing Philip Kotler, han recogido en su libro *Marketing lateral* una muy buena aplicación del pensamiento lateral al mundo de la empresa, y específicamente a la creación de productos y mercados. El pensamiento lateral permite tener en cuenta toda la parte conceptual que ha sido olvidada por la creación de un concepto, es decir, todo lo que al generar un mercado ha quedado fuera: necesidades, clientes y oportunidades que se han desechado. De este modo el marketing lateral puede crear no solo nuevos productos, sino productos que constituyen nuevos mercados. En vez de realizar innovaciones en el interior del mercado, como realiza el marketing vertical, este otro tipo de marketing consiste en desplazarse lateralmente de las necesidades descartadas para generar un nuevo mercado basado en ellas. Kotler y Trias de Bes hablan de *desplazamiento lateral* de un producto de un mercado a otro, lo que crea un vacío. Cuando sacamos un yogur de su mercado y lo pasamos a otro, como el de las bebidas, la propuesta «yogur líquido» crea un nuevo vacío que debe llenarse de nuevas necesidades.

Pensamos que hay un lugar destacado y extremadamente productivo para un pensamiento multilateral en $N > 2$ dimensiones, o sea, en más de dos dimensiones. Es posible un pensamiento lateral multidimensional. La principal variable que permite romper la espacialidad es precisamente la temporalidad. El pensamiento lateral es sincrónico, mientras que una de las ventajas del multilateral es su asincronismo. El *revival* del reproponer productos *vintage* como el tocadiscos va en este sentido. Pero no únicamente la variable temporal resulta útil, sino también la multiespacial. En la cadena de valor existen diversas dimensiones que pueden lateralizarse. La multidimensionalidad solamente puede conseguirse bajando a los detalles de los mercados. La extensión o lateralización de algunos elementos de la cadena de valor o de la organización del mercado puede romperlo por completo, generando productos que categorizarán nuevos mercados.

4. Un método semántico para la innovación

La innovación ha adquirido relevancia en el mundo empresarial especialmente debido al desarrollo tecnológico, que ha hecho cada vez más difícil crear productos con un margen duradero y un valor diferencial estable. Ciclos de producto cada vez más cortos y más volátiles acechan la mortalidad de las compañías a gran velocidad y han puesto la innovación en el centro de la gestión de los negocios. La reducción de costes fijos, la bajada de las barreras de entrada en la inversión de los negocios y la capacidad de copia y reproducción de los productos digitales hacen que la originalidad sea lo más difícil de conseguir y de mantener. La innovación responde a una respuesta desesperada de las organizaciones por construir valor sostenible en el tiempo en un entorno hipercompetitivo. Y esto ya no es posible si las empresas persisten en estructuras y culturas organizativas tradicionales, pesadas y burocráticas en vez de adoptar filosofías emprendedoras livianas. La diferencia en agilidad en la gestión de compañías tradicionales respecto a las *start-ups* es equivalente al manejo que existe entre un petrolero y una balsa de *rafting*. Los equipos también deben adaptarse a una mayor flexibilidad y rapidez. Se necesitan equipos ágiles, atléticos, con especialización, pero capaces de intercambiar roles y con gran implicación en los objetivos.

La disrupción es un cambio de paradigma, una transformación conceptual que tiene más que ver con un cambio en cómo vemos el mundo y cómo lo entendemos que con una búsqueda de soluciones. La innovación radical tiene unos límites estructurales. Tiene un límite, o mejor dicho un umbral, ya que no hay una línea clara, sino borrosa, donde una innovación deja de tener sentido. El umbral superior indicaría que es demasiado pronto, incomprensible o inutilizable por el mercado, mientras que el umbral inferior señalaría que la innovación ha olvidado algo esencial de lo que el mercado no puede prescindir. Esto ocurre con más frecuencia de lo que parece. A veces no todos los fundamentos de una industria pueden ser destruidos porque el mercado los necesita.

Así pues, en realidad la innovación de los productos y de los servicios no se hace con tecnologías o con métodos, sino con conceptos. El diseño conceptual resulta esencial en toda innovación, y de ahí que hablemos cada vez más de *diseñar* soluciones, productos y negocios. Tratar con conceptos significa adoptar un enfoque lingüístico que se puede definir con las siguientes máximas semánticas:

- Lo que no puede explicarse no puede fabricarse.
- Lo que no puede entenderse no puede comprarse.

Veamos un enfoque semántico de innovación en seis etapas.

Antes de empezar esta parte semántica de la innovación o del desarrollo de un producto, hay que elegir a un equipo para la innovación disruptiva, pues es una de las bases del éxito. El libro *The Innovator's DNA. Mastering the Five Skills of Disruptive Innovators,* de Jeffrey H. Dyer, Hal B. Gregersen y C. M. Christensen, da muchas pautas para clasificar las cualidades humanas de cada tipo de innovador y elegir al más correcto. Una combinación de perfiles interdisciplinares y diferentes entre sí suele ser la más adecuada.

Selección del campo semántico

El objetivo de la disrupción no es otro que intentar responder a preguntas tan graves como ¿cómo destruimos la empresa en la que estamos?, ¿qué producto haría morir para siempre y en poco tiempo el producto o el modelo de negocio en el que se basan los beneficios actuales de la compañía?, ¿cómo hacemos obsoleto nuestro producto estrella? o incluso ¿cómo destruimos este mercado? Y este ejercicio, obviamente, se hace para que esto no ocurra, provocado por la competencia o por los nuevos entrantes en el mercado o por tendencias o tecnologías que pueden acabar con nosotros. Por eso la definición del campo semántico, el ámbito donde se desea aportar algo rompedor, puede ser polémico dentro de la organización. Y, aunque no lo parezca, es lo más sano, pero hay que proteger a estos equipos porque generan suspicacias entre los empleados tradicionales.

Investigación semántica

El campo semántico elegido requerirá una investigación para obtener datos y ejemplos y poder construir una red semántica compleja, también llamada *modelo semántico*. Se deben investigar las hipótesis mortales para la compañía: ¿Y si pasara esto?, ¿y si la competencia adoptara esto?, ¿y si los consumidores dejaran de... y por qué? Hay que saber de mercados y de empresas similares, pero sobre todo, de empresas y de mercados diferentes, de otras industrias; incluso se han de buscar las malas prácticas, lo que no ha funcionado, lo que ha hundido a las compañías, lo que exempleados decepcionados han hecho cuando se han ido de ella. Todo esto, en referencia a los consumidores.

Definición del modelo semántico

Finalizada la investigación, tenemos que intentar formalizar el modelo cultural que tiene la gente en la cabeza, algo equivalente a un mapa mental, como ya hemos visto. Por ejemplo: imagina la descripción del concepto *coche* con las principales notas semánticas (semas) como era en el siglo XVI, cuando significaba «carruaje» y «diligencia». Las relaciones entre palabras nos indican las partes constitutivas y las adjetivas. Podemos intentar reducir un campo semántico a su oposición original porque no hay concepto que exista solo. La estructura semántica es el todo y el concepto, la parte. El concepto no es el todo, como se cree erróneamente. *Coche* deriva del húngaro *kocsi,* que quiere decir «carruaje», que en español antiguo se escribía «carruages». *Carruaje* deriva del antiguo normando *cariatge,* no del francés moderno, donde lo llaman *voiture hippomobile* genéricamente y más típicamente *calèche*. Los ingleses también adoptaron *carriage* como arrastrador de un contenedor por animales, que al final se quedó en el actualmente conocido como *car*. Los británicos también utilizaron *coach* como derivación del húngaro que al final llegó a designar al conductor del carruaje. En aquellos tiempos no había *coach* sin fusta para pegar a los caballos.

Un estadio más evolucionado consiste en coger el campo semántico del producto al que deseamos enfrentarnos y escoger otros campos semánticos de productos que no sean afines, susceptibles de ser utilizados con el pensamiento lateral.

Problematización del modelo semántico

El *design thinking* y otras metodologías se basan en la resolución de problemas de los usuarios. Los clientes a través de sus quejas y sus comentarios, que cristalizan en las historias de los usuarios, según la metodología *scrum,* nos aportan las nuevas características que hay que añadir a los productos. El cliente siempre tiene la razón. Sus necesidades son sagradas. Sí, pero, como decía Jobs, no siempre sabe lo que quiere, y cuando le sorprendes suele rendirse a la novedad inesperada. Para conseguir la disrupción hay que desempatizar con el consumidor como ejercicio creativo. No nos debe importar lo que diga ni lo que piense. Muchos productos decisivos al principio crean rechazo y controversia, pero al final se acaban imponiendo de manera masiva. Hay que coger los tópicos de la red semántica y problematizarlos. Una buena manera de hacerlo es buscar qué palabras pueden ser sustituidas o adjetivadas. Hay que preguntarse «y si», realizar hipótesis negativas y positivas: ¿Y si le ponemos un motor y eléctrico? o ¿y si le ponemos un motor a hidrógeno? El gran emprendedor Elon Musk tiene una manera de actuar bastante particular para problematizar áreas de tecnología: parte de un sueño, de lo imposible. Parece seguidor de la frase del extraordinario filósofo Herbert Marcuse: «Seamos realistas, pidamos lo imposible». Su empresa SpaceX ha diseñado un cohete Falcon 9 que ha conseguido despegar, ir al espacio y aterrizar contra lo que cualquier ingeniero de cohetes se hubiera planteado con la tecnología actual. Primero se pone el objetivo máximo como un nuevo gran problema y luego se va simplificando, subdividiendo, iterando y encontrando las soluciones. Donde existe una manera habitual de hacer las cosas, no podemos esperar que sean los usuarios quienes pidan o imaginen la disrupción. Es difícil que a un taxista o a un pasajero se les ocurra Uber. Hay que tener algo de espíritu rebelde y crear un problema donde no lo hay. Y una oportunidad de negocio, claro. La proposición que problematiza la industria aeroespacial —«Y si el cohete volviera y aterrizara donde despegó»— fue un enunciado simple.

Combinatoria semántica

Una vez que hemos descrito el campo semántico y lo hemos problematizado, vemos los conceptos susceptibles de innovación; utilizamos una combinatoria de semas para ver lo que tiene sentido sin juzgarlo por absurdo que parezca. Por ejemplo, si decidimos problematizar el sema *vía,* podemos sustituirlo y combinarlo con *coche* de la siguiente manera: «cielo». El coche que va por el cielo sería el «coche-volador». Lo vemos, tiene sentido. Quizás no sabemos cómo hacerlo, pero esto ya es parte de su resolución tecnológica. Lo mismo podemos hacer con *mar* y tenemos el «coche-anfibio». Si, en cambio, decidimos problematizar *de caballos* por *motor a combustión,* tenemos el «automóvil». Si problematizamos *conductor* por *software inteligente,* tenemos el «coche autónomo». De hecho, los primeros automóviles se llamaban *horseless carriage,* de forma parecida a como hoy denominamos a los *driverless cars.* También podemos sustituir *de caballos* por *de hormigas* o *de ratas,* pero inmediatamente será poco convincente. Es una combinatoria por sustitución; un tipo de lateralización más. Puede hacerse aleatoriamente o por criterio experto. Podemos problematizar *ruedas.* Y con dos tenemos la «motocicleta». Podemos problematizar *cabina* y tener el «coche descapotable».

Gráfico 13.1. Ejemplo de combinatoria semántica

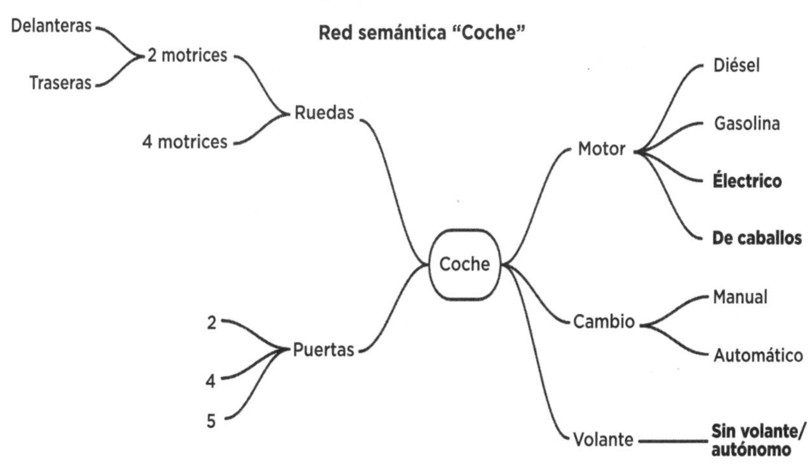

Si hemos escogido ulteriores campos semánticos no afines, ahora es el momento de usarlos. La combinatoria resulta la inversa de la sustitución de semas, es decir, mantener el concepto y cambiarlo de campo, lo que podemos llamar *intercambio de campos semánticos.* El pensamiento lateral nos ayuda a hacer combinatorias de este tipo que impliquen el empleo de un concepto propio de un campo semántico en otro distinto. Al final deberemos puntuar la combinatoria por criterios expertos y priorizar las propuestas para elegir la más prometedora.

Validación de la propuesta semántica

Antes de convertir la propuesta de producto o servicio en un pretotipo y después en un prototipo, podemos validarla en el mercado. Esta es una de las ventajas de trabajar en papel o en ordenador. No necesitamos construir un mínimo producto viable (*Minimal Viable Product* [MVP]). Podemos ir a los consumidores y validar la propuesta conceptual mediante técnicas tradicionales de investigación cualitativa, como encuesta, entrevista en profundidad o *focus groups,* presentándoles nuestros mapas, su definición en el discurso y algún dibujo o esquema. Antes de formular estas preguntas es conveniente que los encuestados realicen sus propios modelos semánticos para saber si lo que tienen en la cabeza es muy diferente de lo que nosotros pensamos de ellos. Las preguntas deben tener argucias para detectar si nos dicen la verdad.

Todas estas fases se pueden iterar varias veces si se considera oportuno para refinar o modificar los planteamientos especialmente si el *feedback* de los usuarios no ha dado el resultado esperado.

Luego vendrían otras etapas, como convertir esta propuesta de producto o servicio en valor, en oportunidad de negocio, a través de herramientas como el *Business Model Canvas* (BMC) o el *Value Proposition Canvas* (VPC) y, por supuesto, el plan de negocio, donde desde mi punto de vista la clave está en la argumentación lógica de los supuestos del modelo de ingresos. A partir de ahí se podrá pasar a realizar pretotipos, prototipos, experimentos y producto final. Los productos y los servicios están en la cabeza de la gente porque todo es lenguaje. Lo que no podemos entender no lo podemos comprar. Antes de sentarnos en una silla nueva tenemos que entender qué hace y qué beneficio nos dará. Las consideraciones estéticas y funcionales son posteriores, pero también lingüísticas e igualmente susceptibles de utilizarse con el método semántico.

5. La novena fuerza: Innovar

Una vez fuera del cubo nos encontramos con un mar de mediocridad, que constituye el noveno límite. Hay mucha gente que permanece en sus cajas acomodadamente. La mediocridad es la presión más grande que existe para un pensador y un espíritu libre. Sobresalir de la mediocridad tiene consecuencias sociales graves. No solo se trata de ir contracorriente, sino de resistir los ataques organizados a los que desafían al grupo a o las personas poderosas. La única manera de superar la mediocridad es con la fuerza de la innovación: ser auténtico y original en todas las cosas y, sobre todo, creativo. Ya hemos visto que actualmente la creatividad se considera una de las habilidades propias del pensamiento crítico. Con el método de la creatividad transversal podemos diseñar soluciones que funcionen en diversos campos semánticos y probarlas haciendo experimentos. Ante la mediocridad del «que inventen ellos», podemos generar soluciones mediante la creatividad. Ante nuestros análisis de los discursos y de todo nuestro trabajo de transformación personal, innovar nos debe servir para saber cuáles son las opciones. Generar opciones alternativas para tomar decisiones resulta fundamental. La originalidad del pensamiento crítico reside en decir cosas nuevas y en adelantarse a los acontecimientos futuros.

Tabla 13.2. La fuerza de la innovación

Fuerza	Innovar
Método de pensamiento	Creatividad transversal
Habilidad	Diseñar
Paradigma que hay que superar	Mediocridad
Inacción	Que inventen ellos
Acción	Haz experimentos
Pregunta	¿Cuáles son las opciones?

Gráfico 13.3. La fuerza de la innovación

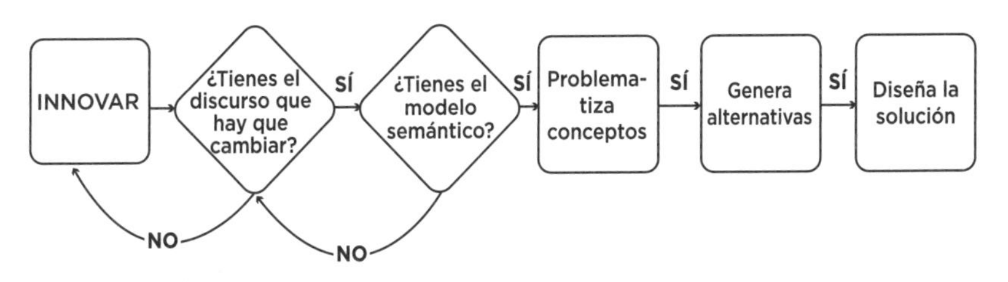

En este capítulo hemos visto cómo generar soluciones nuevas con el método semántico. Todas las innovaciones son diferentes. El Pabellón de Alemania, diseñado por Ludwig Mies van der Rohe y Lilly Reich para la Exposición Internacional de Barcelona celebrada en 1929 es un hito en la historia de la arquitectura. Van der Rohe decía: «más es menos». El Pabellón es de una modernidad y sobriedad sorprendente para su época. Fue dotado con los materiales más extravagantes, como travertino romano, mármol verde de los Alpes, mármol verde antiguo de Grecia y ónice dorado del Atlas, además de cristal y acero. Muchos se usan extensamente hoy. La obra es un espacio abierto formado por otros distintos rectangulares. La diferencia entre exterior e interior se desdibuja completamente dando una sensación de apertura, como quería reflejar la Alemania de la República de Weimar. La iluminación natural resulta espectacular, el mobiliario diseñado para la ocasión es muy original y la estatua de Georg Kolbe en el estanque trasero conecta el Pabellón con el clasicismo en contraste con todo lo demás. Unas cortinas rojas le dan también un toque tradicional. Esta obra fue muy disruptiva en su tiempo y marcó un antes y un después en la arquitectura. La disrupción se ha cultivado mucho en el arte, y las vanguardias artísticas bien pueden ser un gran punto de inspiración para la innovación conceptual y la ideación.

EJERCICIOS

Para ejercer la fuerza de la innovación con eficacia dentro del proceso de transformación y que diseñar funcione, tienes que definir a dónde quieres ir. Los siguientes ejercicios de autoconocimiento debes hacerlos por escrito. Te harán reflexionar y podrás responder a las preguntas que siguen:

1. **Campos.** Haz una lista con los cuatro conceptos fundamentales de tu proyecto, completando la tabla que hiciste en el ejercicio

Estructura (núm. 2, cap. 11), poniendo en la tercera columna conceptos similares; en la cuarta, conceptos contrarios; en la quinta, conceptos alternativos; en la sexta, conceptos provenientes de otros campos semánticos, y, finalmente, en la séptima, conceptos imposibles.

2. **Mapa.** Haz un mapa por cada tabla lo más ramificado y completo posible donde se vean las relaciones entre los conceptos y sus alternativas.
3. **Combinatoria.** Entre todos los mapas realizados en el ejercicio anterior, define cuatro cerrándolos, es decir, escogiendo los atributos sin conceptos alternativos.
4. **Generación de opciones.** Titula los mapas y sitúalos en una matriz. Valóralos cuantitativamente del 0 al 1 según el criterio de más innovador a menos y, en el otro eje, del más realizable al menos. Los números indicarán la probabilidad de éxito.
5. Prioriza todas las listas y escoge el elemento más importante para ti de cada una. Redacta un texto que lo resuma todo, lo más breve posible, titulado Innovación.
6. Añade este texto al que has hecho en los capítulos anteriores en el mismo documento.

PREGUNTAS

Responde a las siguientes preguntas de autoafirmación ayudándote con las listas que has hecho anteriormente:

- ¿Qué conceptos definen la solución?
- ¿Cuáles son los conceptos alternativos?
- ¿Qué conceptos se pueden sustituir desde otros campos semánticos?
- ¿Qué piensan nuestros interlocutores de tus combinaciones de conceptos?
- ¿Qué opciones puedes crear para tu solución?
- ¿Cómo justificas tu solución?

14

FUERZA 10: ACTUAR. ACTÚA Y SUPERA LA INDETERMINACIÓN

1. Las decisiones de *Interstellar*. ¿Cuán probable es salvar a la humanidad?

En la película *Interstellar* el protagonista, Cooper, se ve obligado a tomar una serie de decisiones radicales en su aventura desesperada por salvar a la humanidad de un futuro apocalíptico. La primera decisión consiste en embarcarse en un viaje espacial sin retorno. La parte más importante de la toma de decisiones exitosas no es la decisión en sí, sino la generación de opciones alternativas imaginativas. Después de esto, asignar un porcentaje de probabilidad a cada alternativa resulta imprescindible. Y hay que decidir en función de eso. Como norma general, ante decisiones con una probabilidad igual o menor del 50 % estamos tirando los dados. Las opciones que baraja el científico Brand en *Interstellar* son el Plan A y el Plan B.

El primero depende de la resolución de una ecuación gravitatoria para la que faltan unos datos y que podría construir una nave es clave para evacuar a la humanidad, pero parece que tiene una escasa probabilidad (menos del 50 %). El segundo consiste en enviar cinco mil embriones congelados para regenerar la humanidad en un exoplaneta habitable (más del 50 %). Cooper se embarca en un viaje interestelar en la nave *Endurance*. No es una decisión racional; el Plan B no constituye una ganancia personal porque no salvaría a su familia. Otra decisión, esta vez racional, aunque aparentemente suicida, se plantea cuando decide abandonar la nave donde va con la astronauta Brand (hija del científico) hacia el planeta Edmunds, que parece el candidato ideal para hacer crecer los embriones. Cooper, siempre pensando en el bien superior de la humanidad, se deja caer con una nave nodriza hacia el agujero negro supermasivo Gargantúa para aligerar la nave donde va su compañera porque esta no dispone del combustible necesario para dos personas. Brandt llega a Edmunds y, al final de la película, Cooper también lo hará dejándonos pensar que el Plan B será un éxito. Pero lo paradójico de la película es que desde que Cooper cae en Gargantúa hasta que llega al planeta Edmunds, se las arregla para que el Plan A funcione. Consigue enviar los datos cuánticos necesarios para resolver la ecuación gravitatoria a su hija, que está en el pasado, convertida en científica de la NASA, quien finalmente consigue salvar a la humanidad con el Plan A.

Nuestro héroe consigue contra todo pronóstico realizar las dos soluciones tomando decisiones extremas. De manera algo tramposa, resulta que la humanidad superavanzada de un lejanísimo futuro ha estado guiando a Cooper en sus hazañas sin que lo sepa y construyendo un agujero de gusano para viajar en el tiempo. ¿Pero cómo es posible que la humanidad del futuro se salve a sí misma teniendo en cuenta que cuando se extinguía la Tierra ninguno de los habitantes había viajado en el tiempo? La única explicación radica en que los humanos lo hayan hecho incumpliendo el principio de autoconsistencia de Nóvikov («en un viaje al pasado no podemos hacer algo que más adelante nos impida hacer ese viaje al pasado») y que haya más de una línea cronológica o multiverso donde cada alternativa de la realidad ocurre de verdad en un universo paralelo. Es como si tiráramos un dado y al menos existirá un universo donde habrá salido cada número. En cualquier caso, mientras vivíamos encapsulados en nuestro tiempo, siendo incapaces de vivir todas las alternativas que existen, la única manera de tomar decisiones era estimando la probabilidad de éxito y siguiendo el único curso de la más probable.

2. La cualificación de las opciones

Para tomar una decisión necesitamos opciones, al menos dos; de lo contrario, la decisión ya está tomada. Como mínimo podemos decidir en hacerlo o no hacerlo. No vivimos en un universo determinista sino lleno de incertidumbre, como nos indica el principio de indeterminación de Heisenberg. Por ello, un enfoque probabilístico sobre las estimaciones o predicciones a futuro resulta el más adecuado. Pero para tomar una buena decisión es mejor tener más opciones, si bien no un número grande, pues de lo contrario tendríamos que simplificar mucho. Entre dos y diez puede estar el número óptimo. Y siempre hay más de una opción. Muchas opciones no son, por así decirlo, *naturales,* es decir, que dependen exclusivamente del contexto, sino artificiales, construidas por nosotros mismos, con nuestra creatividad y experiencia, para minimizar los riesgos. Si, por ejemplo, tengo que decidir si me tiro al mar desde una roca desde una altura de 10 m sin saber la profundidad, la mejor opción es no tirarse; pero si tengo a alguien apuntándome con una pistola en la nuca, probablemente concluiré que tengo más probabilidades de sobrevivir si me tiro al agua. Sin embargo, puedo decidir cómo tirarme. De esta manera, bifurcando la opción de tirarse, por ejemplo, si me tiro con las piernas encogidas, tendré menos recorrido bajo el agua y protegeré mi columna, con lo que disminuiré las probabilidades de hacerme daño, en vez de tirarme con las piernas extendidas.

«PARA TOMAR UNA DECISIÓN NECESITAMOS OPCIONES».

Tomar decisiones no es una ciencia exacta. Todo lo que hemos aprendido hasta ahora nos servirá cuando tengamos que tomar una decisión si disponemos del suficiente tiempo para hacerlo. Si estamos entrenados, como mínimo habremos aprendido a evitar errores de precipitación. Existen varias herramientas matemáticas para tomar decisiones, como la teoría matemática de la decisión, pero no nos hagamos ilusiones: las decisiones las tomamos nosotros y somos nosotros los que sufriremos las consecuencias, por lo que las teorías deben considerarse tan solo herramientas. Si sustituimos nuestra capacidad decisoria por una teoría cualquiera, probablemente acabaremos lidiando con situaciones que no deseamos. Cuando no hay tiempo para decidir, nuestro sistema límbico lo hará según lo que hayamos aprendido.

Es muy diferente decidir sobre cosas que nos afectan personalmente que sobre aspectos generales. Si tenemos que hacerlo sobre si cogemos un trabajo o no, tendremos una información incompleta para tomar la decisión. La información objetiva nos dirá si se debe rechazar o no (salario correcto, posibilidades de promoción, etc.), pero probablemente la decisión la tomaremos por intuición, por esa certeza interior de que nos conviene, aunque no tengamos una argumentación racional detrás. Algunos lo llamarán *presentimiento;* otros, *corazonada,* y otros, *instinto* (aunque no lo es en absoluto). Realmente se trata de nuestra mente, de nuestro subconsciente en mayor medida, que tiene en consideración múltiples detalles que no hemos verbalizado. Podría ser la decoración de la empresa y lo que se puede deducir de ella, la impresión no verbal de los interlocutores, los signos en sus discursos que, a través de sus inconsistencias, ocultan cosas que nos pueden perjudicar. Estos detalles están categorizados, priorizados y racionalizados en nuestro cerebro, por lo que las personas somos capaces de tomar decisiones muy rápidamente y muy complejas cuando estamos implicadas. Eso no quiere decir que no sean decisiones infalibles. Incluso teniendo una información completa —si eso fuera posible en el mundo real— de los hechos y del contexto, una vez que tomamos la decisión, el universo que hemos decidido cambia y convierte esa decisión en equivocada. Por ejemplo, en 1993 Prost ganó el mundial de F1 con un coche con varias innovaciones, como la suspensión activa, que se reveló imbatible. Senna decidió ir a Williams a la siguiente temporada, pero la

FIA prohibió esa tecnología exitosa. El coche de Senna resultó inconducible y llegó a perder la vida por culpa de ello. La intuición nos devuelve al capítulo de la reflexión y a la meditación. La filosofía ha considerado la intuición un método válido de conseguir certeza. Se la ha llamado normalmente *intuición intelectual* para distinguirla de la intuición sensible o percepción. Lo curioso es que actualmente esto tiene una explicación científica en la neurobiología más reciente. El célebre neurólogo Joaquín Fuster ha afirmado que la intuición es el pensamiento lógico inconsciente.

Ahora bien, cuando no estamos personalmente implicados en las decisiones, sino dentro de organizaciones en las que no somos un propietario único, esto es bien diferente y la intuición no suele funcionar tan bien. Un apoyo racional a las decisiones es necesario, no solo objetivamente, sino porque también se tienen que compartir con otras personas.

En la toma de decisiones nos encontramos siempre en un terreno de riesgo, entendido como consecuencias no deseadas, y de incertidumbre, como incapacidad de saber el resultado. Nos movemos en un terreno probabilístico, y no porque los hechos o fenómenos sobre los que tenemos que tomar decisiones lo sean, sino porque es la mejor manera de gestionar la incertidumbre. Si tenemos que coger un paraguas, no quiere decir que el tiempo sea un fenómeno aleatorio, solo que, como no sabemos predecirlo con precisión, debemos tomar una decisión basada en probabilidades. De hecho, los pronósticos meteorológicos nos dan la probabilidad de que llueva. Si es mayor del 50 %, podemos coger el paraguas; si supera el 75 %, tendremos que cogerlo. Por menos del 50 % podemos arriesgarnos a mojarnos. Pero, como vemos, las decisiones son relativas a uno mismo. Todo dependerá de si nos importa o no mojarnos, de qué ropa vestimos, de si vamos a hacer un trayecto corto o largo, de si tenemos manera de protegernos en caso de lluvia, etc.

3. Jugando a decidir

John von Newmann, uno de los padres de la informática, escribió junto a Oskar Morgenstern en 1944 *Theory of Games and Economic Behavior,* el libro que abrió con su propuesta teórica y la prueba del teorema del minimax el debate para una manera matemática de tomar decisiones.

La teoría de juegos —llamada así no porque se aplique a los juegos, sino porque considera las interacciones humanas tales— nos enseña a cuantificar los mapas de decisión cuando estas decisiones dependen no de los estados de la naturaleza, sino de lo que hagan otras personas. Podemos ver el ejemplo básico del juego piedra, papel o tijera, donde el perdedor debe pagar un euro al ganador y nada en los demás casos.

Tabla 14.1. Matriz de pagos en la teoría de juegos

	JUGADOR 2		
JUGADOR 1	**PIEDRA**	**PAPEL**	**TIJERA**
PIEDRA	0	−1	+1
PAPEL	+1	0	−1
TIJERA	−1	+1	0

La matriz de pagos cuantifica este juego de suma cero, lo que quiere decir que lo que gana uno lo pierde el otro. El más famoso de los modelos de esta teoría es el llamado *dilema del prisionero,* cuyo enunciado es el siguiente:

«La policía arresta a dos sospechosos. No hay pruebas suficientes para condenarlos y, tras haberlos separado, los visita a cada uno y les ofrece el mismo trato. Si uno confiesa y su cómplice no, el cómplice será condenado a la pena total, diez años, y el primero será liberado. Si uno calla y el cómplice confiesa, el primero recibirá esa pena y será el cómplice quien salga libre. Si ambos confiesan, ambos serán condenados a seis años. Si ambos lo niegan, todo lo que podrán hacer será encerrarlos durante un año por un cargo menor».

Vamos a suponer que ambos prisioneros son completamente egoístas y su única meta es reducir su propia estancia en la cárcel. Como prisioneros tienen dos opciones: cooperar con su cómplice y permanecer callados o traicionar a su cómplice y confesar. El resultado de cada elección depende de la elección del cómplice. Por desgracia, uno no conoce qué ha elegido hacer el otro. Incluso si pudiesen hablar entre sí, no podrían estar seguros de confiar mutuamente.

Si uno espera que el cómplice escoja cooperar con él y permanecer en silencio, la opción óptima para el primero sería confesar, lo que significaría que sería liberado inmediatamente, mientras que el cómplice tendría que cumplir una condena de diez años. Si espera que su cómplice decida confesar, la mejor opción es confesar también, ya que al menos no recibirá la condena completa de diez años, y solo tendrá que esperar seis, al igual que el cómplice. Y, sin embargo, si ambos decidiesen cooperar y permanecer en silencio, ambos serían liberados en solo un año.

Confesar es una estrategia dominante para ambos jugadores. Sea cual sea la elección del otro jugador, pueden reducir siempre su sentencia confesando. Por desgracia para los prisioneros, esto conduce a un resultado pésimo, en el que ambos confiesan y ambos reciben largas condenas. Aquí se encuentra el punto clave del dilema. El resultado de las interacciones individuales produce un resultado que no es óptimo; existe una situación tal que el beneficio de uno de los detenidos podría mejorar —o incluso la de ambos— sin que implique un empeoramiento para el resto. En otras palabras: el resultado en el que ambos detenidos no confiesan domina al resultado en el que los dos eligen confesar.

Si se razona desde la perspectiva del interés óptimo del grupo (de los dos prisioneros), el resultado correcto sería que ambos lo negaran, ya que esto reduciría el tiempo total de condena del grupo a un total de dos años. Cualquier otra decisión sería peor para ambos si se consideran conjuntamente. A pesar de ello, si siguen sus propios intereses egoístas, cada uno de los dos prisioneros recibirá una sentencia dura.

Tabla 14.2. Matriz del dilema del mentiroso

	COOPERAR	DESERTAR
COOPERAR	3, 3	−5, 5
DESERTAR	5, −5	−1, −1

4. La cuantificación de las opciones

Hay tres grandes grupos de decisiones que se pueden abordar matemáticamente:

1. Con incertidumbre en los resultados, estudiada por la teoría de la decisión.
2. Con incertidumbre en los resultados y dependientes de las decisiones de otros, estudiada por la teoría de juegos.
3. Sin incertidumbre en los resultados, estudiada por la teoría de la decisión en su variante de decisión multicriterio.

Hemos visto los rudimentos de la teoría de juegos; ahora vamos a ver cómo funciona la teoría de la decisión matemática.

Los elementos que se consideran son:

$E = \{E_1,..., E_m\}$: conjunto de estados de la naturaleza o posibles escenarios.
$D = \{D_1,..., D_n\}$: conjunto de posibles alternativas o decisiones.
X_{ij}: consecuencia de tomar la decisión D_i y de que se dé el estado E_j.

En ocasiones también intervienen las probabilidades en el momento de tomar una decisión:

p_j: probabilidad de que se dé el estado E_j; este valor en muchas ocasiones no es conocido.

Si estas probabilidades son conocidas o se han estimado antes de tomar la decisión, entonces se dice que es un proceso de *decisión bajo riesgo,* mientras que si son desconocidas se habla de *decisión bajo incertidumbre.*

Con estos elementos, cuando el proceso se define en una sola etapa, es decir, hay una única decisión que tomar en un momento dado y los conjuntos de estados y alternativas son finitos, para facilitar la comprensión de la situación se representa el problema mediante una tabla de decisión.

Tabla 14.3. Matriz de la teoría de la decisión matemática

DECISIONES	ESCENARIOS	
	E_1	E_2
	p_1	p_2
D_1	X_{11}	X_{12}
D_2	X_{21}	X_{22}

A la matriz formada por los resultados se la llama *matriz de pagos* o *de consecuencias,* denominación proveniente de la teoría de juegos, como hemos visto.

Los criterios de valoración de decisiones probabilísticos son:

- **Valor esperado:** mayor pago.
- **Lo más probable:** mejor valor para el estado más probable.
- **Escenario medio:** alternativa óptima para el escenario medio si es posible determinarlo.
- **Valor en riesgo (Var):** determina la probabilidad de sufrir una pérdida durante un período de tiempo.

Los criterios de valoración de decisiones no probabilísticos son:

- **Pesimista:** para cada alternativa se supone que va a pasar lo peor y se elige la de mejor valor.
- **Optimista:** para cada alternativa se supone que va a pasar lo mejor y se elige la de mejor valor.
- **Hurwicz:** combina las actitudes pesimista y optimista, valorando cada alternativa con una ponderación entre lo mejor y lo peor posible. Esta ponderación se hace multiplicando lo mejor por un factor α entre 0 y 1, denominado índice de optimismo, y lo peor por $1-\alpha$, sumando ambas cantidades.
- ***Savage:*** considera el coste de oportunidad o penalización o arrepentimiento por no prever correctamente el estado de la naturaleza.

Por ejemplo: tenemos cuatro decisiones para elegir que equivalen al mismo producto de fabricantes diferentes, como coches. Cada escenario representa las pruebas técnicas a los que las sometemos para simular los casos de uso en los que van a utilizarse y en la tabla tenemos las puntuaciones obtenidas. También a cada escenario de prueba se le asigna una probabilidad que indica cuáles serán más usados en la realidad que otros, cuáles tienen mayor importancia.

Tabla 14.4. Ejemplo de aplicación de la teoría de la decisión matemática

	ESCENARIOS		
DECISIONES	E_1	E_2	E_3
	$p_1 = 0.25$	$p_2 = 0.4$	$p_3 = 0.35$
D_1	10	3	5
D_2	5	8	2
D_3	1	9	15
D_4	2	16	3

- **Valor esperado:** D_3.
- **Lo más probable:** D_4.
- **Escenario medio:** D_3.
- **Valor en riesgo (Var):** determina la probabilidad de sufrir una pérdida durante un período de tiempo.
- **Pesimista:** D_1 (el máximo del mínimo).
- **Optimista:** D_4.
- **Hurwicz:** en este caso tenemos el coeficiente de ponderación optimista y pesimista: $\alpha = 1/3$ y $(1 - \alpha) = 2/3$, cuyo resultado es D_4.
- ***Savage:*** D_3.

5. Las inferencias bayesianas

Un método muy extendido en finanzas, medicina, ciencia, ingeniería, inteligencia artificial y en los más diversos ámbitos, incluido el de los analistas de los servicios secretos, para realizar predicciones y para la toma de decisiones es el de las inferencias bayesianas. La CIA lo empezó a utilizar en 1967. Este tipo de inferencias estadísticas están basadas en el teorema de Bayes de 1763, que realmente está pensado para ser iterado e ir refinando los datos por la experiencia y en cada iteración ir mejorando las probabilidades de la hipótesis, y así progresivamente irse acercando a la certeza casi absoluta. De esta manera, se considera el teorema de Bayes un cálculo matemático que nos permite el aprendizaje. Dicho teorema se fundamenta en conocer la probabilidad de un evento que está condicionado por otro. Nos dice qué probabilidad existe de que una hipótesis sea cierta si se produce un acontecimiento determinado. A esto se le llama *probabilidad condicionada.*

Teorema de Bayes:

$$P(H/E) = P(H)\,P(E/H)\,/\,P(E)$$

La probabilidad de que ocurra un evento H dado que ya ocurrió otro evento E es igual a la probabilidad de que ocurra el evento E dado que H ya ocurrió, multiplicado por la probabilidad de ocurrencia del evento H y dividido por la probabilidad de ocurrencia del evento E:

- H = hipótesis (también llamadas *creencias,* pueden ser datos o premisas cuantificadas).
- E = evidencia (datos).
- P (H/E) = probabilidad de que la hipótesis sea cierta dada la evidencia.
- P (H) = probabilidad de que la hipótesis sea verdadera antes de cualquier evidencia, también llamada *a priori.* Tiene que ser diferente de 0.
- P (E/H) = probabilidad de que ocurra la evidencia si la hipótesis es cierta, también llamada *a posteriori.*
- P (E) = probabilidad de que ocurra la evidencia.

El teorema de Bayes en su fórmula extendida para cuando la hipótesis tiene tan solo dos estados posibles es:

$$P(H/E) = P(H)\,P(E/H)\,/\,P(H)\,P(E/H) + P(-H)\,P(E/-H)$$

Por ejemplo: una persona va al médico para obtener un diagnóstico porque se encuentra mal. El médico realiza una prueba y el resultado es positivo para una enfermedad que afecta al 0.1 % de la población. La precisión de la prueba es del 99 %, es decir, la prueba puede identificar correctamente al 99 % de las personas que tienen la enfermedad y reportará incorrectamente la enfermedad en solo el 1 % de las personas que no la padecen. Queremos saber las probabilidades de que esta persona tenga la enfermedad:

- P (H) = 0.1 % = 0.001 probabilidad previa de tener la enfermedad antes de la disponibilidad de los resultados de la prueba. Esto a menudo es un trabajo de conjetura; en este caso tenemos una estadística oficial.
- P (E/H) = probabilidad de dar positivo en la prueba de la enfermedad si la persona la tiene (99 % = 0.99).
- P (−H) = probabilidad de no tener la enfermedad (1 − 0.001 = 0.999).
- P (E/−H) = probabilidad de no tener la enfermedad y ser falsamente identificado como positivo por la prueba (1 % = 0.01).
- P (H/E) = probabilidad de que la persona tenga realmente la enfermedad dado que el resultado de la prueba es positivo.

Al agregar estos números en la forma extendida del teorema de Bayes, obtenemos que la probabilidad de que la persona realmente tenga la enfermedad es solo del 9 %:

$$P\ (H/E) = 0.001 \times 0.99 / 0.001 \times 0.99 + 0.999 \times 0.01 = 0.09016 = 9.016\ \%$$

La persona duda del resultado y busca una segunda opinión con otro médico y se somete a una prueba en un laboratorio independiente. El segundo resultado de la prueba también resulta positivo esta vez. Ahora bien, ¿cuál es ahora con los nuevos datos la probabilidad de que la persona realmente tenga la enfermedad?:

- P (H) = reemplacemos esto con la probabilidad posterior de la primera prueba (= 9.016 % = 0.09016).

- P (E/H) = probabilidad de dar positivo en la prueba de la enfermedad si la persona la tiene (99 % = 0.99).
- P (−H) = probabilidad de no tener la enfermedad de la primera prueba (1-0.09016 = 0.90984).
- P (E/−H) = probabilidad de no tener la enfermedad y ser identificado falsamente positivo por la segunda prueba (1 % = 0.01).
- P (H/E) = probabilidad de que la persona tenga realmente la enfermedad dado que el resultado de la segunda prueba también es positivo.

$$P\ (H/E) = 0.09016 \times 0.99 \,/\, 0.09016 \times 0.99 + 0.90984 \times 0.01 = 0.09075 = 90.75\ \%$$

Por tanto, la probabilidad actualizada basada en dos pruebas positivas implica que existe un 90.75 % de posibilidades de que la persona tenga la enfermedad.

El teorema de Bayes se utiliza para realizar inferencias. En el caso que nos ocupa podemos determinar la probabilidad de nuestras hipótesis de una manera subjetiva —a falta de datos— pero que sin duda nos permite aportar mediante un criterio de experiencia una estimación suficientemente fiable al respecto de la posibilidad de ocurrencia de un fenómeno. En un documento desclasificado de la CIA de 1968, *Bayes' Theorem in the Korean War,* se explica un buen ejemplo de aplicación de las inferencias bayesianas. En primer lugar se realiza una equivalencia entre formas verbales y probabilidades para que sea más fácil asignarlas.

Tabla 14.5. Equivalencias entre expresiones y probabilidad

FORMA VERBAL	PROBABILIDAD
Completamente seguro	100 %
Casi seguro	90 %
Muy probable	80 %
Probable	70 %
Más probable que no	60 %

FORMA VERBAL	PROBABILIDAD
Más bien no	50 %
Algo menos que casual	40 %
Improbable	30 %
Muy improbable	20 %
Casi imposible	10 %
Imposible	0 %

Fuente: CIA

Se contemplan tres escenarios:

A. China intervendrá en la Guerra de Corea con muchos efectivos
B. China intervendrá en la Guerra de Corea con pocos efectivos
C. China no intervendrá en la Guerra de Corea

En una primera fase se asignan las siguientes probabilidades a las hipótesis: A = 10 %, B = 30 % y C = 60 %; y en general un nivel de evidencia del 60 % para las dos primeras y del 70 % para la última.

Tabla 14.6. Ejemplo de inferencia bayesiana

	H	E	RESULTADO
A	0.10	0.60	0.09
B	0.30	0.60	0.27
C	0.60	0.70	0.64

En una segunda revisión: A = 60 %, B = 30 % y C = 10 %; y en general un nivel de evidencia del 50, 70 y 80 % para cada hipótesis, respectivamente.

Tabla 14.7. Ejemplo de inferencia bayesiana con nuevos datos

	H	E	RESULTADO
A	0.60	0.50	0.51
B	0.30	0.70	0.36
C	0.10	0.80	0.14

6. La décima fuerza: Actuar

La décima y última de las fuerzas nos ayuda a vencer el límite de la indeterminación y de la incertidumbre. La indeterminación nos bloquea y nos impide tomar decisiones y actuar. El objetivo del ser humano como máquina viva es reducir la incertidumbre para tener éxito en sus decisiones y evitar los problemas que pueden perjudicarle. El fin de nuestro cerebro es disminuir la incertidumbre convirtiéndola en opciones con probabilidades para tomar decisiones. Después de todos los métodos utilizados en el sistema de las 10 fuerzas del pensamiento crítico trasformador nos encontraremos en la acción, donde hay que vencer el miedo a no equivocarse que nos inculca la sociedad y decidir para servirnos de la fuerza de la actuación lo más acertadamente posible según nuestros intereses y nuestra ética. Para tomar las mejores decisiones debemos usar la inferencia probabilística y calcular el riesgo con la mayor precisión posible para contestar con propiedad a la pregunta ¿cuál es la mejor opción?

Pensar fuera del cubo es el anti-MBA. Pensar críticamente sirve para reducir la incertidumbre, la sorpresa, la entropía; es un proceso de autodescubrimiento y autosuperación, pero también de interacción social. Se trata de una actitud que se convierte en capacidad, no exenta de esfuerzo ni de sufrimiento, para superar los límites personales. Es el máximo ejercicio de libertad y no hay reglas. Tú eres el protagonista. Pero ¿qué hay fuera del cubo? Más cubos, cubos de cubos, pero ya no son aquel del que salimos, aquel con el que la mayoría se esfuerza en no esforzarse.

Tabla 14.8. La fuerza de la actuación

Fuerza	Actuar
Método de pensamiento	Inferencia probabilística
Habilidad	Decidir
Paradigma que hay que superar	Indeterminación
Inacción	No equivocarse
Acción	Calcula el riesgo
Pregunta	¿Cuál es la mejor opción?

Gráfico 14.8. Algoritmo de la fuerza de la actuación

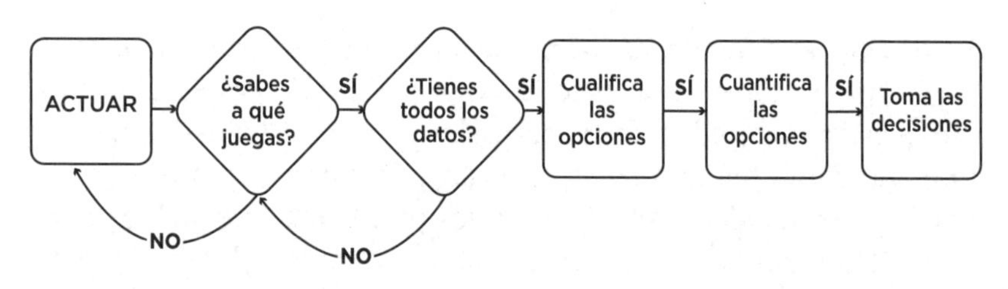

Existen juegos que nos pueden enseñar a tomar decisiones. Algunos son de información completa, como el ajedrez, y nos dejan evaluar para cada movimiento un árbol de decisiones que debe ayudarnos a ganar la partida o cuando menos a no perderla. Lo mismo pasa con el go. Otros juegos, como el póker, con información incompleta y aleatoriedad, sirven mejor para simular escenarios reales. En el primer estudio científico sobre la toma de decisiones se utilizó el ajedrez (A. Anderson, J. Kleinberg y S. Mullainathan. *Assessing Human Error Against a Benchmark of Perfection,* 2016): se compararon doscientos millones de partidas tanto de aficionados como de grandes maestros y se llegó a la conclusión de que el factor de predicción más fiable de un error en la toma de decisiones, más que la habilidad del jugador o el tiempo disponible, es el grado de dificultad inherente a la decisión misma. Que los jugadores más habilidosos tienen más probabilidades de cometer un error resulta una conclusión sorprendente, pero indica que la capacidad cognitiva de resolución de problemas del pensamiento crítico es más importante que la experiencia y el conocimiento del juego. Y esto resulta extensible a todos los campos. Por tanto, calcular con probabilidades simples o condicionadas las consecuencias últimas de las decisiones para evitar errores, es decir, los escenarios más desfavorables o perdedores, resulta absolutamente fundamental.

EJERCICIOS

Para ejercer la fuerza de la actuación con eficacia dentro del proceso de transformación y que decidir funcione, tienes que definir a dónde quieres ir. Los siguientes ejercicios de autoconocimiento debes hacerlos por escrito. Te harán reflexionar y podrás responder a las preguntas que siguen:

1. **Datos.** Haz una lista con los cuatro datos o conjuntos de datos en los que se basa tu proyecto.
2. **Cálculos.** Haz una lista con cuatro indicadores clave para tus datos y tu proyecto. Lo que no se pueda estimar habrá que estimarlo o puntuarlo subjetivamente o hacer una miniencuesta entre otras personas.
3. **Resultados.** Haz una lista con cuatro resultados esperables de tu proyecto.
4. **Decisiones.** Haz una lista con las cuatro decisiones más importantes de tu proyecto.
5. Prioriza todas las listas y escoge el elemento más importante para ti de cada una. Redacta un texto que lo resuma todo, lo más breve posible, titulado Actuación.
6. Añade este texto al que has hecho en los capítulos anteriores en el mismo documento.
7. Ahora tendrás un documento de trabajo completo sobre tu proceso de transformación que puedes revisar y compartir para

perfeccionarlo. Deberás redactar tu propuesta definitiva de proyecto como solución para un problema y cómo alcanzarla según tus valores y objetivos. A partir de ahí hay muchas técnicas de gestión de proyectos que podrás utilizar para definir otros detalles que te ayuden en la ejecución.

PREGUNTAS

Responde a las siguientes preguntas de autoafirmación ayudándote con las listas que has hecho anteriormente:

- ¿Cuáles son los datos?
- ¿Cuáles son los resultados deseados?
- ¿Cuáles son las opciones?
- ¿Qué probabilidades tienen las opciones?
- ¿Cómo te decides por una opción?
- ¿Cómo mides el resultado?

15

PENSAR ES LIDERAR EL FUTURO

1. Marchionne y el liderazgo pensante. ¿Cómo conseguir crecimientos exponenciales?

Hubo un hombre al frente de uno de los grupos automovilísticos más grandes del mundo, el Fiat Chrysler Automobiles (FCA), que aparecía en las ruedas de prensa —bastante poco hay que decirlo— siempre vestido con un polo monocolor, nunca con traje ni corbata, con el pelo desaliñado y con gafas redondas. Se diría que tenía un aspecto más de profesor universitario que de otra cosa. Este hombre cambió el grupo FIAT de la bancarrota al estrellato, multiplicando su valor en bolsa por 10 en catorce años. Se llamaba Sergio Marchionne. Se graduó en filosofía, pero también en derecho y realizó un MBA. Hizo carrera en Canadá desde que se trasladó su familia hasta que entró en el consejo de FCA para luego convertirse en CEO por beneplácito del todopoderoso dueño Gianni Agnelli antes de su fallecimiento. Entre sus primeras decisiones se encontró la cancelación abrupta de un acuerdo de colaboración con General Motors por el que se compensó a FIAT con una gran cantidad de dinero. Esto le dio la liquidez suficiente para reformar el grupo, incluyendo las condiciones de los trabajadores. Durante esa mejora de la situación compró el grupo Chrysler, que se mantenía a flote gracias a los préstamos del gobierno estadounidense y del que este quería prescindir a toda costa. Racionalizó el porfolio de producto centrándose básicamente en dos modelos ganadores: el FIAT 500 y el Jeep. Sacó a bolsa la marca Ferrari porque se dio cuenta de que las marcas valían más separadas que juntas. Actualmente Ferrari vale el doble que el resto del grupo FCA.

Marchionne era un líder, pero sobre todo, un pensador. Fue un ágil estratega, un gran disruptor y un buen *decisión maker*. Siempre fue un inconformista, iba contracorriente de la industria, y esto es algo que no se puede hacer si uno no tiene las jugadas muy bien pensadas y sabe convencer a los demás. No hay liderazgo sin pensamiento. Pensar es liderar el futuro.

2. No hay liderazgo sin pensamiento

No hay liderazgo sin pensamiento. Henry Ford dijo en una entrevista a Fay Leone: «pensar es el trabajo más difícil que existe. Quizá sea esta la razón por la que hay tan pocas personas que lo practican». Pensar es la esencia del liderazgo y marca la diferencia que es la base de la ganancia. La zona de confort, lo que hemos llamado *cubo,* en las organizaciones sería el conjunto de las prácticas empresariales normales (el *business as usual*), lo que cabe esperar de un MBA estándar. Más de lo mismo. *Karaoke* empresarial. Sin embargo, es posible ir más allá para conseguir un pensamiento crítico, ético y estratégico. El pensamiento resulta algo determinante en las organizaciones.

Debe ser crítico para gestionar el cambio inevitable al que están sometidas las empresas en el entorno VUCA actual; también ha de ser ético para hacer el cambio organizacional de manera sostenible, sin trampas ni cortocircuitos, basándose en valores, y tiene que ser estratégico para realizar el cambio cultural de manera inteligente y conseguir los objetivos.

Todos los directores, consejeros, emprendedores y muchos empleados que gestionan proyectos son pensadores y se ven diariamente sometidos a la responsabilidad y al escrutinio de la toma de decisiones. Quizás sean pensadores espontáneos e intuitivos, pero sobre todo son experimentados. Sin embargo, podrían ser mucho más eficientes y efectivos si accedieran a un pensamiento crítico basado en métodos. De alguna manera las empresas necesitan un *Chief Thought Officer* (director de pensamiento) formado y capaz de desarrollar el pensamiento crítico en su máxima excelencia, sea este una persona encargada de este rol o una serie de personas del consejo de administración.

«PENSAR ES LA ESENCIA DEL LIDERAZGO, LA PRIMERA COMPETENCIA».

Antes de cualquier transformación (digital, de innovación, de automatización inteligente, etc.) debe existir el pensamiento crítico o no servirá de mucho. O la dirección de una empresa piensa y está comprometida con lo que piensa de verdad, o no hay transformación alguna posible. Repito: pensar es la esencia del liderazgo, la primera competencia, el paso anterior a toda eficiencia sostenible e inteligente de una organización que quiera o necesite ser más eficaz. Superar el cubo, salir de la caja organizacional, consiste en salirse de la normalidad, del hacer las mismas cosas de la misma manera con las mismas personas. La incertidumbre nos abre al pensamiento crítico, pues es la única capacidad que tenemos para reducirla. La crítica está centrada en el presente para comprender los problemas y transformarse. La ética se focaliza en el pasado para entender de dónde venimos, cuál es nuestra esencia y mantener los valores. La estrategia se centra en el futuro para innovar y desplazar el mercado.

¿Qué podemos hacer en el mundo de las organizaciones para conseguir una mejora sustancial a través del pensamiento crítico?

Hay varias cosas que vale la pena poner en práctica:

- **Mejorar el pensamiento crítico en los equipos.** Conviene desarrollar las competencias en pensamiento crítico tanto de la dirección como de los empleados. Se puede utilizar como punto de partida el sistema de las 10 fuerzas y complementarlo con evaluaciones y ejercicios a medida.

- **Ayudar a la empresa a pensar.** ¿Cómo? Creando un laboratorio de pensamiento, como veremos a continuación. Este tipo de organismo te permitirá tener ese segundo cerebro del que hablábamos en la fuerza de la reflexión que analiza al primero e intenta reducir los riegos y la incertidumbre a la que se enfrenta la organización.
- **Repensar la compañía.** Mediante un taller estratégico de pensamiento avanzado puedes redefinir el futuro de tu empresa a través del pensamiento crítico en las tres dimensiones decisivas de la ética, la crítica y la estrategia. Más adelante dedicaremos un epígrafe al respecto.

3. Crear un laboratorio de pensamiento (*thinking lab*)

La innovación y la transformación digital sin un laboratorio de pensamiento *(thinking lab)* corren un gran riesgo de obsolescencia en el largo plazo. Un *strategic thinking lab* (laboratorio estratégico de pensamiento) es un *think tank* interno a una organización que actúa como laboratorio de pensamiento estratégico. Compruebo en muchas empresas que se piensa poco. Lo urgente y lo importante ahogan todo el tiempo disponible. Las planificaciones presupuestarias carecen de agilidad para resolver problemas sobrevenidos o incluso estructurales que nunca es el momento de abordar. El dominio aciago de la inmediatez hace estragos por doquier, lo mismo que para las personas no distanciarse del flujo vital. Los empleados pensadores o pensantes, aunque sea a tiempo parcial, son herejes, molestas anomalías organizativas, que bloquean la consecución veloz de los objetivos. Alguna vez esa función de pensar la ejerce gente externa contratada para ello, lo que supone una opción fácil porque no interrumpe la loca carrera hacia la nada, pero sería mucho más eficaz tenerla dentro. De hecho, los antónimos de *urgencia* son términos negativos y peyorativos, como «retraso», «parsimonia» y «lentitud», pero en realidad su contrario es lo «no urgente», precisamente lo «estratégico». Si la urgencia necesita *kamikazes,* la estrategia requiere pensadores.

No suele haber departamentos de reflexión en las organizaciones. Las empresas son máquinas para ejecutar, pero no para cambiar. Solamente cuando la máquina falla y los resultados no son los esperados se buscan soluciones a todo coste, pero normalmente ya resulta demasiado tarde. ¿No sería mejor dedicar siempre una parte de los recursos a pensar cómo cambiar si hay problemas? Creo que sí. No solo hay que dedicarse a la innovación, a buscar soluciones diferenciales que nos garanticen un futuro, sino que hay que ocuparse de pensar críticamente en 360º y estar listo para la gestión del cambio ágil cuando sea necesario con todos los escenarios trabajados y los equipos capacitados.

Una metodología de pensamiento eficaz que forme parte de la cultura de la empresa, que se desarrolle y se reproduzca automáticamente, como una bacteria benigna, evitando las peores enfermedades organizativas y consiguiendo la supervivencia de la compañía a largo plazo, es la opción más sensata para crecer y vencer. La empresa actual es inmune al pensamiento crítico o divergente. La urgencia necesita siempre *kamikazes* capaces de perseguir objetivos hasta el final sin hacerse preguntas, como pollos sin cabeza. La organización industrial derivada de la jerarquía militar clásica solo contribuye a cometer los errores más grandes aunque heroicos *(epic fails)* y a no poder resistir a los ataques de los competidores más inteligentes. Afortunadamente hay remedio para todo esto. Algunos empiezan por agilizar la organización, y es un primer paso, pero muchas veces la agilidad sin dirección estratégica es como un hámster dando vueltas en la rueda del sinsentido.

El problema es que se suele alinear la digitalización y la innovación a la estrategia —o a la falta de esta— de la organización, ya predefinida por el consejo de administración y/o la alta dirección. Y realmente tiene que ser al revés. Ante la innovación complaciente, destinada a sostener el mismo *karaoke* de siempre, hay que proponer la innovación en su planteamiento más radical: la ideación de la disrupción. Esta adopción permitirá diseñar una estrategia más acertada. Hay que pensar paranoicamente en qué nos puede destruir. ¿Cómo ha podido acabar Kodak siendo una pura sombra de lo que fue aun teniendo las patentes de la fotografía digital? Pues porque no había ni directivos ni consejeros pensando lo suficiente. Hay que tener gente loca o experta pensando en cómo destruir la empresa, sus ingresos, su modelo de negocio; inventando nuestros peores y aún desconocidos enemigos para definir un mapa estratégico exitoso. El pensamiento de la innovación estratégica —que no la estrategia de la innovación— tiene que combatir al enemigo antes de que exista, intentando ser nosotros lo que él podría llegar a ser. Y se puede probar fuera de la organización. Es una defensa retropredictiva, como el «precrimen» de *Minority Report*. Y esto solo se puede hacer gracias a un laboratorio de pensamiento.

Los grandes poderes inventaron los laboratorios de pensamiento de manera discreta. Empezaron a financiar organizaciones de investigación para poder adelantarse a los problemas del futuro. RAND Corporation (1945) es uno de los ejemplos clásicos, y también lo son The Brooking Institution o Council on Foreign Relations, pero hay cientos (v. 2017 *Global Go To Think Tank Index Report*), muchos dependientes de empresas o *lobbies*. Algunos resultan transparentes en su financiación y otros completamente opacos. Los temas son muy variados y su capacidad de influencia, aplastante. RAND ha estudiado cientos de temas, como salud pública, diplomacia o carrera armamentista, pero también otros menos relacionados con la administración pública. Su capacidad de anticipación e influencia es extraordinaria. Como ejemplo inocente se puede hablar de que en 1965 RAND publicó un estudio titulado *Habitable Planets for Man*, de Stephen H. Dole, hoy considerado precursor de las técnicas de búsqueda de exoplanetas, cuyo primer descubrimiento no realizaron hasta 1995 los astrónomos Michel Mayor y Didier Queloz.

Un *think tank* es una institución interdisciplinar y multipropósito, un laboratorio de ideas, un instituto de investigación, un gabinete estratégico y un centro de pensamiento que cuenta con un equipo formado por expertos investigadores cuya función es el análisis y la reflexión teórica y práctica sobre asuntos de interés para los que la financian con el objetivo final de poner las soluciones en práctica. Con los resultados producto de sus investigaciones intenta influir en la opinión pública y determinar políticas concretas o esquemas de pensamiento que se puedan generalizar en su propio beneficio, no necesariamente económico. Especialmente trabaja en el largo plazo adelantando y resolviendo (o provocando) problemas antes de que ocurran.

Un laboratorio de pensamiento centrado en la ideación estratégica y táctica interno a la empresa está formado por personas que se dedican a investigar los puntos débiles y las oportunidades de una organización, así como a diseñar un mapa estratégico dinámico, en constante revisión. No se trata de un departamento de planificación estratégica, sino de pensamiento estratégico. Este tipo de laboratorio se dedica a la gestión del conocimiento y de la información. Es algo así como un comité asesor interno no ejecutivo pero con la enorme influencia de establecer lo que se debe hacer a medio-largo plazo y alternativamente a la actividad habitual. Lo que queda fuera de su competencia es el corto plazo, lo urgente, y lo que hay que hacer como actividad principal. Se puede definir como un auténtico comité de bastardos educados, de gente incómoda, irreverente y políticamente incorrecta. Resulta difícil de mantener pero importante de preservar.

Debe ser un departamento secreto o discreto en la organización cuyos miembros son especialistas en las materias pertinentes y analistas de inteligencia y ciberinteligencia desconocidos por el resto de los empleados, a excepción de la alta dirección. Tienen que trabajar en una oficina separada físicamente con acceso 24/7 con total libertad de horarios, capacidad de viajar y de realizar experimentos, desarrollar observatorios, establecer comités, verificar fuentes, acceder a todo tipo de bases de datos y capacidad de colaborar con cualquier experto que sea necesario. También deben intentar conocer las estrategias de compañías rivales. Al fin y al cabo, se trata de un departamento de riesgos teóricos y a largo plazo. Serán vigilados a conciencia por un departamento de seguridad, y la confidencialidad y la seguridad física y lógica serán máximas. Se puede anexar al laboratorio una entidad divulgadora, pública y oficial, si es conveniente.

El responsable, un director de riesgos, velará por que las investigaciones lleguen a su término en tiempo y forma y sean utilizables por la dirección de la empresa. La composición del equipo debe ser de empleados permanentes y colaboradores externos, que no han de saber los propósitos últimos de los análisis exigidos. Según Paul Schoemaker, las capacidades necesarias para el equipo son: de anticipación, de pensamiento crítico, de interpretación, de decisión, de alineación y de aprendizaje.

Un protocolo de independencia en las investigaciones regulará las normas de trabajo entre el equipo y la dirección. Siempre existirá un director ejecutivo por encima del director de riesgos, que es la conexión permanente, enfocada al negocio con la alta dirección. Los resultados podrán verse a partir del segundo año de actividad, pero hay que tener en cuenta que, al encontramos en el terreno de la incertidumbre, también existen riesgos de fracaso que deben cuantificarse dentro del mapa estratégico para tomar las mejores decisiones en el presente pensando en el futuro.

Todo lo que hacemos y casi todo lo que decimos ha sido previsto, definido e incentivado por un *think tank*. Solo lo no pensado, lo pensable y lo impensado quedan fuera de su influencia actual, si bien son sus actuales objetos de indagación. Quien domina el futuro lidera el presente.

«TODO LO QUE HACEMOS Y CASI TODO LO QUE DECIMOS HA SIDO PREVISTO, DEFINIDO E INCENTIVADO POR UN *THINK TANK*».

4. Realizar un taller estratégico de pensamiento avanzado (*Forward Thinking Sprint*)

El sistema de las 10 fuerzas del pensamiento crítico transformador también funciona en las organizaciones. Para salir de esa zona normalizada o burocratizada es necesario aplicar el sistema de las 10 fuerzas de manera ágil. Quizás el modo más eficiente sea realizar un proceso similar al del *design sprint* (taller de diseño) que Jake Knapp, de Google Ventures, describe en su libro *Sprint: How to Solve Big Problems and Test New Ideas in Just Five Days* o inspirado en el *Lightening Decision Jam* (LDJ) *Workshop* (taller ágil para la toma de decisiones) de la agencia AJ & Smart.

El *sprint* o taller para aplicar el sistema de las 10 fuerzas se denomina taller estratégico de pensamiento avanzado (o futuro) o *Forward Thinking Sprint* (FTS). Este proceso de transformación de la organización a través del análisis de problemas concretos debe contemplarse desde tres puntos de vista: el ético (que incluye los principios fundadores de la organización, los dilemas éticos del contexto relevante, la responsabilidad social corporativa y la nueva responsabilidad digital), el crítico (que se refiere al aspecto operativo y funcional de la empresa, el que permite su funcionamiento diario) y el estratégico (el plan a futuro para conseguir los objetivos deseados). El *sprint* se ha de realizar en una semana laboral de cinco días, donde se abordará el sistema de las 10 fuerzas en diez pasos de una a dos horas útiles, aunque se ocupen tres o cuatro según la preparación, las digresiones, etc.

Tabla 15.1. Vectores del *Forward Thinking Sprint*

VECTOR	ÁREAS
Ética (responsabilidad digital)	RSC+RSD
Crítica	Operación
Estrategia	Negocio

Tabla 15.2. Secuencia temporal del *Forward Thinking Sprint*

DÍA 1a	DÍA 1b	DÍA 2a	DÍA 2b	DÍA 3a
Reflexiona	**Emprende**	**Duda**	**Critica**	**Dialoga**
¿Dónde estamos?	¿A dónde vamos?	¿Cuáles son los dogmas?	¿Cuál es el problema?	¿Qué dicen los demás?
Coyuntura	Objetivos	Dogmas	Problemas	Stakeholders
DÍA 3b	**DÍA 4a**	**DÍA 4b**	**DÍA 5a**	**DÍA 5b**
Razona	**Comprende**	**Siente**	**Innova**	**Actúa**
¿La solución es coherente?	¿La solución es comprensible?	¿Cuál es el propósito?	¿Cuáles son las opciones?	¿Cuál es la mejor opción?
Coherencia	Significado	Sentido	Proyectos	Plan

El FTS es un taller de negocio, una manera ágil de hacer un planteamiento estratégico trivectorial en el espacio más corto de tiempo posible sobre un único problema. La metodología resulta completamente activa y consiste en hacer listas organizadas de conceptos sobre el problema en cuestión con un equipo interdisciplinar. El FTS debe ser la culminación de un proceso. Por tanto, requiere una preparación previa en la organización para tener todos los datos y documentos necesarios, así como haber realizado las investigaciones oportunas y escogido a las personas que formarán parte del taller. No debes olvidar que se utilizará el enfoque semántico anteriormente descrito, por lo que siempre se situarán los conceptos en campos y modelos semánticos y se trabajará la combinatoria correspondiente.

La definición de los equipos y el tema del taller se hará entre la dirección, RR. HH. y el facilitador/consultor, aunque como sugerencia ante procesos muy dirigidos es conveniente abrir la puerta a la aleatoriedad. Al menos tiene que haber un experto en cada vector y en cada área de la empresa implicada. Y en cada sesión de medio día ha de estar presente alguna de las personas involucradas en la toma de las decisiones correspondientes. Por turnos, alguien de la organización debe ejercer de moderador:

- **Día 1a (Reflexiona):** realizar listas de problemas.
- **Día 1b (Emprende):** definir objetivos de la empresa respecto a los problemas.
- **Día 2a (Duda):** definir los bloqueos o catalizadores para conseguir los objetivos.
- **Día 2b (Critica):** definir los problemas de la lista respecto a los objetivos y los bloqueos.
- **Día 3a (Dialoga):** exponer y dialogar los argumentos sobre los problemas.
- **Día 3b (Razona):** escoger los problemas y justificarlos.
- **Día 4a (Comprende):** reformular los problemas en modelos semánticos.
- **Día 4b (Siente):** hacer listas del impacto sobre los vectores y escoger los que definirán los límites.
- **Día 5a (Innova):** generar listas definidas de soluciones.
- **Día 5b (Actúa):** escoger las soluciones y priorizarlas y convertirlas en un plan de acción.

El FST presupone conocer el sistema de las 10 fuerzas para poder sacar partido de cada paso. También existen muchos diagramas y herramientas conceptuales no tratadas en este libro para cada caso de uso que se pueden emplear dependiendo de su idoneidad, como el análisis DAFO (*SWOT Analysis*), los objetivos *SMART (SMART Goals),* el diagrama de Fishbone o espina de pescado *(Fishbone Diagram),* el Mapa de puntos de contacto con el cliente *(Customer Touchpoint Map),* la técnica de generación de ideas en grupo Brainwriting, el Cuadro de mando integral *(Balanced Scorecard),* el Método de priorización 3x3 *(3x3 Prioritization Method),* etc.

El FST se puede utilizar en varios departamentos y repetir con el tiempo sobre los mismos problemas o abrirse a nuevos. Es posible implementarlo con rapidez cuando una organización lo necesita y permite dar una dimensión estratégica a un problema concreto de manera casi inmediata. Se trata de un taller ágil y simple para utilizar el pensamiento crítico como herramienta de desarrollo de las organizaciones.

El sistema de las 10 fuerzas del pensamiento crítico utiliza el enfoque de la psicología positiva por el que la combinación de inteligencia cognitiva e inteligencia emocional consigue los mejores resultados de los equipos humanos. Las dos inteligencias son necesarias para el éxito. Pensar para liderar el futuro.

16

DECÁLOGO: APRENDE A PENSAR COMO UN GURÚ

Has hecho tu viaje de transformación, posees un mapa suficiente completo de las técnicas que te ayudan a pensar críticamente y, lo más importante, entiendes para qué sirven y cómo funcionan. Puedes profundizar con lecturas complementarias y con el entrenamiento adecuado en cada uno de los métodos, pero lo más importante de todo es que seas capaz de alejar la atención de las distracciones cotidianas y que busques un espacio tranquilo donde poder reflexionar o conversar con otros, o incluso leer y escribir, para analizar los discursos y llegar a conclusiones. Si tienes suficiente soltura, podrás hacer esas reflexiones dentro de una misma conversación o incluso en situaciones críticas de extremo estrés. Sin embargo, solo aprovecharás esas capacidades en los momentos difíciles si te has ejercitado a conciencia. Como resultado, también habrás puesto en marcha un proyecto emprendedor donde habrás podido comprobar la conexión entre el pensamiento y la acción racional sin dejar de lado tus valores y objetivos. Tienes que poner a prueba la realidad haciendo experimentos inofensivos de toma de decisiones para ir mejorando tus capacidades de pensamiento crítico.

Habrás entendido que la diferencia entre el pensamiento espontáneo y el crítico reside en la actitud de duda permanente para problematizar los discursos dogmáticos, en la capacidad crítica para detectar la debilidad de los contraargumentos de los problemas, en la habilidad para construir discursos razonados, éticos y creativos y, finalmente, en la voluntad de poder en la toma de decisiones con alta probabilidad de éxito. Todo ello necesita el conocimiento de los métodos y su ejercicio constante. También habrás aprendido el pensamiento crítico como un proceso de transformación de crecimiento personal desde un punto de partida inicial hasta un objetivo de llegada.

No he querido convertir este libro en un recetario de cocina. El pensamiento es muy personal y se debe desarrollar individualmente, aunque sea con ayuda de algún facilitador. Tiene que existir un amplio margen para adaptar el método a cada uno de nosotros e incluso desarrollar aspectos nuevos. La ventaja de salirse del flujo cotidiano de la realidad es que nuestras neuronas se conectan de manera diferente y somos más creativos. La creatividad no es una capacidad exclusiva de los artistas, sino otra herramienta del cerebro para reducir la incertidumbre. Todos somos creativos; quizás no para componer *La Sinfonía n.º 5 en do menor, op. 67* de Ludwig van Beethoven, pero sí para generar alternativas en nuestras decisiones, lo que siempre resulta un aspecto clave en el pensamiento crítico.

Ningún capítulo de esta obra agota las posibilidades de los métodos y de las habilidades del pensamiento crítico. Además de la bibliografía recomendada, existe otra mucho menos accesible pero más especializada que te puede permitir profundizar en tu *expertise* hasta límites insospechados.

El sistema de las 10 fuerzas del pensamiento crítico transformador te permitirá no solo conocer los métodos y las habilidades necesarias, sino conseguir realizar un proyecto determinado para verlo en acción y que te sirva para lograr una transformación personal. El sistema de las 10 fuerzas implica tanto la utilización de nuestras mejores facultades de la inteligencia cognitiva como de la inteligencia emocional. Las dos son necesarias y clave de nuestro éxito. Los ejemplos, ejercicios y preguntas al final de cada capítulo te pueden ayudar mucho al autoconocimiento y a la realización de tus objetivos. Repetirlos y utilizarlos para diferentes proyectos lo hará mucho más, pero no debes olvidarte de pensar: leer es imprescindible, pero pensar resulta obligatorio. Ahora es tu momento. Empieza a dominar tu mundo pensando.

Si has seguido el orden propuesto en el libro, el proceso de transformación personal a través del pensamiento crítico te habrá llevado a pensar fuera de la caja, a liberarte de las fuerzas de las fábricas del pensamiento que nos encajonan en la normalización. Habrás conseguido salir fuera del cubo, a otro nivel; a un nivel donde tendrás una perspectiva mejor de la realidad y de las personas que permanecen en sus cubos. También habrás conseguido abrirte a cultivar la sabiduría, a dominar el pensamiento crítico sin olvidar los valores y tu propósito vital. Solamente de esta manera podrás tomar buenas decisiones y ser feliz.

Y una última pregunta: ¿quién debe enseñar pensamiento crítico?

Debe ser alguien formado como facilitador en alguno de los sistemas de pensamiento crítico existente. No puede ser un *coach* certificado, a pesar de que disponen de una excelente formación en el diálogo táctico. Los *coaches* pueden ser ideales para desarrollar la fuerza de la reflexión, pero poco más. Los filósofos, entendiendo por tales profesores de universidad o de instituto, tampoco tienen la capacitación necesaria para ayudar al desarrollo del pensamiento crítico. Carecen de experiencia en el mundo organizacional, no conocen sus problemas ni utilizan su lenguaje ni disponen de las herramientas adecuadas. Y si alguien aspira al pensamiento crítico transformador que he propuesto, lo mejor es empezar por este libro.

A modo de conclusión y de recordatorio, quiero dejarte un decálogo para que puedas tener un resumen de los aprendizajes esenciales de este sistema.

EL DECÁLOGO DE LAS 10 FUERZAS PARA PENSAR COMO UN GURÚ

1. Busca tu momento para pensar
Utiliza la fuerza de la reflexión para aislarte del mundo por un momento y pensar quién eres ahora y qué has aprendido hasta ahora.

2. Contempla el resultado de lo que quieres pensar
Utiliza la fuerza del emprendimiento para proyectar tus motivaciones al futuro y pensar a dónde quieres ir y cómo.

3. Detecta los dogmas y duda de ellos
Utiliza la fuerza de la duda para derribar todos los obstáculos mentales que pueden impedirte desarrollar tu proyecto.

4. Encuentra el problema que te abrirá la oportunidad
Utiliza la fuerza de la crítica para detectar un nuevo problema que te brinde la oportunidad de construir una solución.

5. Abre un diálogo constructivo con interlocutores dignos
Utiliza la fuerza del diálogo para hablar con los interlocutores adecuados que puedan ayudarte en la consecución de tu proyecto debatiendo los pormenores.

6. Valida si la oportunidad es una solución razonable
Utiliza la fuerza del razonamiento para construir una argumentación verdadera, razonable y coherente para tu solución.

7. Comprende si la solución es comprensible
Utiliza la fuerza de la comprensión para entender el significado de la solución en toda su extensión y poder justificarla.

8. Integra la solución en tu propósito vital y sé feliz
Utiliza la fuerza del sentido para integrar los valores en tu solución y dedicarle el tiempo adecuado para no dejar de ser feliz.

9. Aterriza la solución con opciones creativas
Utiliza la fuerza de la innovación para crear soluciones alternativas parciales o totales.

10. Decide la mejor opción gestionando el riesgo
Utiliza la fuerza de la actuación para tomar las mejores decisiones basándote en una gestión del riesgo.

Si has entendido, practicado y asimilado el sistema de las 10 fuerzas del pensamiento crítico, habrás conseguido los tres objetivos prioritarios:

- **Aprender a pensar como un gurú.** Ser capaz de analizar las situaciones desde los diversos puntos de vista que proporciona el pensamiento crítico y llegar a conclusiones razonadas.
- **Aprender a actuar como un emprendedor.** Ser capaz de proyectar tu voluntad de poder y tus valores en un proyecto personal a través del pensamiento crítico con una gran probabilidad de éxito.
- **Aprender a ser sabio.** Después de haber crecido individualmente a través de la transformación profunda del pensamiento crítico, ser capaz de juzgar con valores e inspirar a otras personas.

Nuestro libro y nuestro viaje juntos acaban aquí.
Ahora empieza el tuyo.

BIBLIOGRAFÍA RECOMENDADA

Capítulo 1

- Referencia inicial: JOHNSON, S. *¿Quién se ha llevado mi queso?: Cómo adaptarnos en un mundo en constante cambio*, Empresa Activa, 2000.
- BOTTON, A. *Las consolaciones de la filosofía,* Taurus, 2013.
- MARINOFF, L. *Más Platón y menos Prozac,* Ediciones B, 2009.
- LYOTARD, J-F. ¿Por qué filosofar?, Paidós, 1989.
- RUIZ, J. C. *El Arte De Pensar,* Almuzara, 2020.
- DE BONO, E. *Seis sombreros para pensar,* Planeta, 2019.

Capítulo 2

- Referencia inicial: https://es.wikipedia.org/wiki/Buda_Gautama y https://es.wikipedia.org/wiki/Konstantín_Stanislavski
- COHEN, M. *Filosofía para dummies,* Planeta, 2012.
- JIMÉNEZ, M. A. AGELINI, M. L. TASSO, C. *Orientaciones metodológicas para el desarrollo del pensamiento crítico,* Octaedro, 2020.
- KAHNEMAN, D. *Pensar rápido, pensar despacio,* Debolsillo, 2021.
- ROBINSON, K. *Escuelas creativas: La revolución que está transformando la educación,* Debolsillo, 2016.
- RUIZ, J. C. *De Platón a Batman: Manual para educar con sabiduría y valores,* Almuzara, 2017.

Capítulo 3

- Referencia inicial: https://www.wikiart.org/es/auguste-rodin/the-thinker-1902
- COHEN, M. *Pensamiento crítico para dummies,* Planeta, 2020.
- EPSTEIN, R. L. *Guía breve para el pensamiento crítico,* Advanced Reasoning Forum, 2018.
- INFANTE, E. *Filosofía en la calle: #FiloRetos para la vida cotidiana,* Ariel, 2019.
- MESEGUER, J. *Pensamiento crítico: una actitud,* Unir Editorial, 2016.
- VIDAL, R. *¡Que le den a la ciencia!: Supersticiones, pseudociencias, bulos... desmontados con pensamiento crítico,* Ediciones B, 2021.

Capítulo 4

- Referencia inicial: https://www.wikiart.org/es/rene-magritte/the-treachery-of-images-this-is-not-a-pipe-1948
- BEUCHOT, M. *Historia de la filosofía del lenguaje,* FCE, 2005.
- BUZAN, T. *Mapas mentales: La guía definitiva para aprender a utilizar la herramienta de pensamiento más efectiva jamás inventada,* Alienta, 2019.
- GARCÍA, B. *Lectura y construcción de conocimiento,* autopublicado en Amazon, 2015.
- TUSÓN, A. *Las cosas del decir: Manual de análisis del discurso,* Ariel, 2012.
- ZELDIN, T. *Conversación: Cómo el diálogo puede transformar tu vida,* Plataforma Editorial, 2015.

Capítulo 5

- Referencia inicial: https://www.wikiart.org/en/henri-cartier-bresson/place-de-l-europe-gare-saint-lazare-paris-1932
- BOYATZIS, R. y JOHNSTON, F. *Líder emocional: Manual de uso,* Harvard Business School Press, 2008.
- CALLE, R. A. *El gran libro de la meditación,* Booket, 2015.
- ROBINSON, K. *El Elemento: Descubrir tu pasión lo cambia todo,* Conecta, 2012.

- ROBINSON, K. *Encuentra tu elemento: El camino para descubrir tu pasión y transformar tu vida,* Debolsillo, 2014.
- SANTANDREU, R. *Ser feliz en Alaska: Mentes fuertes contra viento y marea,* Grijalbo, 2016.

Capítulo 6

- Referencia inicial: https://www.wikiart.org/es/rembrandt/jan-six-1654
- BLANCO, C. *Los principales errores de los emprendedores: Todo lo que NO debes hacer a la hora de montar tu empresa,* Gestión 2000, 2013.
- DOE, J. *Mide lo que importa: Cómo Google, Bono y la Fundación Gates cambian el mundo con OKR,* Conecta, 2019.
- FERNÁNDEZ, S. y SAMSÓ, R. *Misión emprender: Los 70 hábitos de los emprendedores de éxito,* Conecta, 2017.
- FUSTER, F. *El círculo de la motivación,* Booket, 2014.
- TRIAS DE BES, F. *El libro negro del emprendedor: No digas que nunca te lo advirtieron,* Empresa Activa, 2007.

Capítulo 7

- Referencia inicial: https://www.tate.org.uk/art/artworks/dali-metamorphosis-of-narcissus-t02343
- BOSTROM, N. *Superinteligencia: Caminos, peligros, estrategias,* Teell Editorial, 2016.
- CAMPS, V. *Elogio de la duda,* Arpa, 2016.
- ROGER S. *Breve historia de la filosofía moderna: De Descartes a Wittgenstein,* Ariel, 2020.
- KONNIKOVA, M. ¿Cómo pensar como Sherlock Holmes?, Booket, 2016.
- WAGENSBERG, J. *Solo se puede tener fe en la duda: Pensamiento concentrado para una realidad dispersa,* Tusquets, 2018.

Capítulo 8

- Referencia inicial: https://es.wikipedia.org/wiki/Charles_Bukowski
- AMORÓS, M. *Fake News: La verdad de las noticias falsas,* Plataforma Editorial, 2018.

- ALLEN, S. *Domina tu mente:* Cómo usar el pensamiento crítico, el escepticismo y la lógica para pensar con claridad y evitar ser manipulado, autopublicado en Amazon, 2017.
- MARCET, X. *Esquivar la mediocridad: Notas sobre management: complejidad, estrategia e innovación,* Plataforma Editorial, 2018.
- RUIZ J. C. *Filosofía ante el desánimo: Pensamiento crítico para construir una personalidad sólida,* Ediciones Destino, 2021.
- SLOTERDIJK, P. *Crítica de la razón cínica,* Siruela, 2019.

Capítulo 9

- Referencia inicial: https://en.wikipedia.org/wiki/Aristotelianism
- BORGHINO, M. *El arte de hacer preguntas*, Grijalbo, 2017.
- CALVO DEL BRÍO, M. *Comunicación no verbal para humanos curiosos: Conoce el origen ancestral de tus gestos y mejora tu comunicación,* Almuzara, 2021.
- NARDONE, G. y SALVINI, A. *El diálogo estratégico: Comunicar persuadiendo: técnicas para conseguir el cambio (Problem Solving),* Herder, 2012.
- SALAS, C. *Storytelling: la escritura mágica: Técnicas para ordenar las ideas, escribir con soltura y hacer que te lean,* autopublicado en Amazon, 2017.
- UDAONDO, M. *Comunica: Las claves de la comunicación para el liderazgo,* LID, 2020.

Capítulo 10

- Referencia inicial: https://es.wikipedia.org/wiki/Lazzaro_Spallanzani
- ÁLVAREZ, J. *Cálculo proposicional e inferencia lógica,* autopublicado en Amazon, 2019.
- DEAÑO, A. *Introducción a la lógica formal,* Alianza, 1999.
- HAMBLIN, C. *Falacias,* Palestra Editores, 2017.
- TOULMIN, S. *Una introducción al razonamiento,* Palestra Editores, 2017.
- VEGA, L. *Introducción a la teoría de la argumentación: Problemas y perspectivas,* Palestra Editores, 2017.

Capítulo 11

- Referencia inicial: https://es.wikipedia.org/wiki/Mária_Török
- AUBENQUE, P. *Problemas aristotélicos: Lenguaje, dialéctica y hermenéutica,* Encuentro, 2021.
- LOZANO, J. *Análisis del discurso: Hacia una semiótica de la interacción textual* (Crítica y estudios literarios), Anaya, 2004.
- LYOTARD, J-F. *La condición postmoderna,* Cátedra, 1984.
- RICOEUR, P. *Hermenéutica y acción,* Editorial Docencia, 1985.
- SONTAG, S. *Contra la interpretación y otros ensayos,* Debolsillo, 2018.

Capítulo 12

- Referencia inicial: https://www.ted.com/talks/benjamin_zander_the_transformative_power_of_classical_music?language=es
- CAMPS, V. *Breve historia de la ética,* RBA, 2017.
- COVEY, S. R. Los 7 hábitos de la gente altamente efectiva, 2011.
- FRANKL, V. *El hombre en busca de sentido,* Herder, 2021.
- LATORRE, J. I. Ética para máquinas, Ariel, 2019.
- SAVATER, F. Ética para Amador, 2008.

Capítulo 13

- Referencia inicial: https://youtu.be/R-sLPTUEq6E
- BROWN, T. *Diseñar El Cambio: Cómo el design thinking transforma organizaciones e inspira la innovación,* Empresa Activa, 2020.
- DE BONO, E. *El pensamiento lateral: Manual de creatividad,* Paidós, 2018.
- PETERS, T. *El círculo de la innovación,* Deusto, 1998.
- RIES, E. *El método Lean Startup: Cómo crear empresas de éxito utilizando la innovación continua,* Deusto, 2013.
- THIEL, P. *De cero a uno: Cómo inventar el futuro,* Gestión 2000, 2015.

Capítulo 14

- Referencia inicial: https://youtu.be/UoSSbmD9vqc
- CORREA, J. C. y BARRERA, C. J. *Introducción a la estadística bayesiana,* Instituto Tecnológico Metropolitano, 2019.

- SILVER, N. *La señal y el ruido: Cómo navegar por la maraña de datos que nos inunda, localizar los que son relevantes y utilizarlos para elaborar predicciones infalibles,* Atalaya, 2014.
- TALEB, N. N. *El cisne negro: El impacto de lo altamente improbable,* Booket, 2012.
- TALEB, N. N. *Jugarse la piel: Asimetrías ocultas en la vida cotidiana,* Paidós, 2019.
- WAGENSBERG, J. *Si la naturaleza es la respuesta, ¿cuál era la pregunta?: y otros quinientos pensamientos sobre la incertidumbre,* Tusquets, 2002.

Capítulo 15

- Referencia inicial: https://es.wikipedia.org/wiki/Sergio_Marchionne
- BOYATZIS, R.; GOLEMAN, D. y McKEE, A. *El líder resonante crea más,* Ediciones B, 2021.
- KNAPP J. *Sprint: El método para resolver problemas y testar nuevas ideas en solo 5 días,* Conecta, 2018.
- PETERS, T. *En busca del boom,* Planeta, 2020.
- SINEK, S. *Empieza con el porqué: Cómo los grandes líderes motivan a actuar,* Empresa Activa, 2018.
- GIMBERT, X. *Gestionar estratégicamente: Claves para tomar decisiones en la era de la incertidumbre,* Deusto, 2021.